DISCRIMINAÇÃO
e
DISPARIDADES

Thomas Sowell

DISCRIMINAÇÃO

e

DISPARIDADES

Tradução de
ALESSANDRA BONRRUQUER

3ª edição

EDITORA RECORD
RIO DE JANEIRO • SÃO PAULO
2022

CIP-BRASIL. CATALOGAÇÃO NA PUBLICAÇÃO
SINDICATO NACIONAL DOS EDITORES DE LIVROS, RJ

S719d
3ª ed.

Sowell, Thomas
　　Discriminação e disparidades / Thomas Sowell; tradução Alessandra Bonrruquer. – 3ª ed. – Rio de Janeiro: Record, 2022.

　　Discrimination and disparities
　　Inclui índice
　　ISBN 978-85-01-11624-6

　　1. Disparidades econômicas. 2. Desenvolvimento econômico – Aspectos sociais. 3. Renda – Distribuição. I. Bonrruquer, Alessandra. II. Título.

19-55572

CDD: 339.52
CDU: 330.565

Meri Gleice Rodrigues de Souza – Bibliotecária – CRB-7/6439

Copyright © Thomas Sowell, 2018

Título original em inglês: *Discrimination and disparities*

Todos os direitos reservados. Proibida a reprodução, armazenamento ou transmissão de partes deste livro, através de quaisquer meios, sem prévia autorização por escrito.

Texto revisado segundo o novo Acordo Ortográfico da Língua Portuguesa.

Direitos exclusivos de publicação em língua portuguesa para o Brasil adquiridos pela
EDITORA RECORD LTDA.
Rua Argentina, 171 – 20921-380 – Rio de Janeiro, RJ – Tel.: (21) 2585-2000, que se reserva a propriedade literária desta tradução.

Impresso no Brasil

ISBN 978-85-01-11624-6

Seja um leitor preferencial Record.
Cadastre-se em www.record.com.br
e receba informações sobre nossos lançamentos e nossas promoções.

Atendimento e venda direta ao leitor:
sac@record.com.br

Para o professor Walter E. Williams,
que trabalhou no mesmo vinhedo.

Sumário

1. Disparidades e pré-requisitos   09
2. Discriminação: significados e custos   31
3. Classificando e desclassificando pessoas   65
4. O mundo dos números   95
5. Visões sociais e consequências humanas   121

Agradecimentos   153
Notas   155
Índice   187

1.

Disparidades e pré-requisitos

O fato de que resultados, econômicos e outros, com frequência diferem imensamente entre indivíduos, grupos, instituições e nações suscita questões para as quais muitas pessoas dão variadas respostas. Em uma ponta do espectro de explicações está a crença de que aqueles que se mostram menos afortunados em seus resultados são geneticamente pouco capazes. Na outra, a crença de que os menos afortunados são vítimas dos mais afortunados. Entre as duas pontas, há muitas outras explicações. Mas, qualquer que seja a explicação oferecida, parece haver consenso de que as disparidades encontradas no mundo real diferem enormemente do que se poderia esperar de possibilidades aleatórias.

E, todavia, as grandes disparidades de resultado encontradas em empreendimentos econômicos e outros não necessariamente se devem a disparidades comparáveis nas capacidades inatas ou na maneira como as pessoas são tratadas. Elas também podem refletir o fato de que o sucesso em muitos tipos de empreendimento depende de pré-requisitos

DISCRIMINAÇÃO E DISPARIDADES

peculiares a cada um deles, e uma diferença relativamente pequena no cumprimento desses pré-requisitos pode significar uma diferença muito grande nos resultados.

PRÉ-REQUISITOS E PROBABILIDADES

Se um empreendimento apresenta cinco pré-requisitos para o sucesso, então, por definição, as chances de sucesso desse empreendimento dependem das chances de se possuir os cinco pré-requisitos simultaneamente. Mesmo que nenhum deles seja raro — por exemplo, mesmo que sejam tão comuns que as chances de alguém possuir um deles sejam de duas em três —, as probabilidades de se ter os cinco são baixas.

Se as chances de se possuir qualquer um deles são de duas em três, as chances de se ter todos são de dois terços multiplicados por si mesmos cinco vezes.* Isso dá 32/243, ou cerca de uma chance em oito. Em outras palavras, as chances de fracasso são de aproximadamente sete em oito. Obviamente, essa é uma distribuição muito assimétrica de sucesso, nada parecida com a curva em sino da distribuição normal de resultados que, de outro modo, poderíamos esperar.

O que esse pequeno exercício aritmético significa no mundo real? Uma conclusão possível é que não devemos esperar que o sucesso seja uniforme ou aleatoriamente distribuído entre indivíduos, grupos, instituições ou nações em empreendimentos com múltiplos pré-requisitos, que são a maioria dos empreendimentos significativos. E, se de fato são pré-requisitos, possuir quatro de cinco nada significa no que se refere ao sucesso nos resultados. Isto é, as pessoas que possuem mais pré-requisitos para o sucesso podem, mesmo assim, fracassar totalmente.

---

* 2/3 × 2/3 × 2/3 × 2/3 × 2/3 = 32/243.

DISPARIDADES E PRÉ-REQUISITOS

Seja o pré-requisito faltante complexo ou simples, sua ausência pode negar o efeito de todos os pré-requisitos presentes. Se você for analfabeto, por exemplo, todas as outras qualidades que pode apresentar em abundância de nada contam em muitas, se não na maioria, das carreiras atuais. Nos anos 1950, em contraste, mais de 40% da população adulta do mundo ainda era analfabeta. Isso incluía mais da metade dos adultos da Ásia e da África.[1]

Se você não está preparado para se submeter ao longo período de trabalho duro e sacrificante que um empreendimento pode exigir, então, a despeito de possuir todo o potencial inato para obter grande sucesso e mesmo com todas as portas da oportunidade bem abertas, pode se tornar um fracasso absoluto.

Nem todos os pré-requisitos estão necessariamente sob controle exclusivo do indivíduo. Mesmo capacidades extraordinárias em um ou mais pré-requisitos podem nada significar no resultado final de alguns empreendimentos.

No início do século XX, por exemplo, o professor Lewis M. Terman, da Universidade de Stanford, iniciou um projeto de pesquisa que acompanhou 1.470 pessoas com QIs iguais ou superiores a 140 durante mais de meio século. Os dados sobre as carreiras dos homens do grupo — em uma época na qual carreiras em tempo integral para mulheres eram menos comuns* — mostraram sérias disparidades mesmo no interior desse grupo raro, com QIs na faixa superior de 1%.

Alguns tinham carreiras altamente bem-sucedidas, outros haviam conseguido realizações mais modestas e cerca de 20% eram claras decepções. Dos 150 homens na categoria menos bem-sucedida, somente oito obtiveram diploma de ensino superior e dezenas apenas o diploma do ensino médio.

---

* Em 1940, um pouco menos da metade das mulheres do grupo de Terman estava empregada em tempo integral. Lewis M. Terman *et al.*, *The Gifted Child Grows Up: Twenty-Five Years' Follow-Up of a Superior Group* (Stanford: Stanford University Press, 1947), p. 177.

Os homens mais bem-sucedidos, em número similar, obtiveram um total de 98 diplomas de ensino superior,[2] uma disparidade de mais de dez vezes entre pessoas cujos QIs estavam na mesma faixa superior de 1%.

No entanto, dois homens que haviam sido testados na infância e não chegaram ao nível de corte de 140 pontos de QI mais tarde ganharam prêmios Nobel, o que nenhum dos homens com QI igual ou superior a 140 fez. Claramente, todos os homens do grupo de Terman apresentavam ao menos um pré-requisito para essa realização extraordinária, ou seja, um QI alto o bastante. Também claramente, deve haver outros pré-requisitos que centenas de homens com QIs na faixa superior de 1% não possuíam.

Quanto às diferenças nos resultados educacionais e profissionais, o maior fator de diferenciação foi o histórico familiar. Os homens com as maiores realizações vieram de famílias de classes média e alta e foram criados em casas nas quais havia muitos livros. Metade dos pais tinha diploma de curso superior, em uma época em que isso era muito mais raro que hoje.[4]

Entre os menos bem-sucedidos, em quase um terço dos casos um dos pais abandonara o colégio antes da oitava série.[5] Mesmo QIs extraordinários não eliminaram a necessidade de outros pré-requisitos.

Às vezes, o que falta pode ser tão simples quanto alguém que coloque o indivíduo com grande potencial na direção certa. Um acadêmico internacionalmente renomado certa vez mencionou, durante uma reunião social, que quando era jovem não pensava em ir para a faculdade, até que alguém o incentivou a fazer isso. E ele não é a única pessoa com habilidades excepcionais em relação à qual isso é verdade.*

---

* O eminente economista Richard Rosett é outro exemplo. Ver Thomas Sowell, *The Einstein Syndrome: Bright Children Who Talk Late* (Nova York: Basic Books, 2001), pp. 47-48. O autor do best-seller *Era uma vez um sonho* é outro. Ver J.D. Vance, *Hillbilly Elegy: A Memoir of a Family and Culture in Crisis* (Nova York: HarperCollins, 2016 [Ed. bras.: *Era uma vez um sonho: A elegia de um mundo em transformação*. São Paulo: Leya, 2017]) pp. 2, 129-130, 205, 239.

DISPARIDADES E PRÉ-REQUISITOS

Algumas pessoas, incluindo aquelas sem grandes habilidades, naturalmente se candidatariam a uma faculdade se pertencessem a grupos sociais nos quais essa era a norma. No entanto, sem aquela pessoa que o incentivou a buscar ensino superior, esse acadêmico internacionalmente renomado poderia muito bem ter se tornado um excelente mecânico ou se dedicado a alguma outra ocupação manual, mas não seria um erudito de nível internacional.

Pode haver certa aproximação de uma curva em sino normal no que se refere a quantas pessoas possuem um pré-requisito em particular e, mesmo assim, uma distribuição muito assimétrica de sucesso com base na posse de todos os pré-requisitos simultaneamente. Isso não é verdade apenas em teoria; as evidências empíricas sugerem que é verdade também na prática.

No golfe, por exemplo, há certa aproximação da curva em sino quando se trata da distribuição de habilidades individuais, como número de tacadas por jogada ou distância da primeira tacada. E, mesmo assim, há uma distribuição enormemente assimétrica dos resultados quando se exige um conjunto de habilidades, como vencer os torneios da Associação de Golfistas Profissionais (PGA).[6]

A maioria dos golfistas profissionais nunca venceu um único torneio da PGA em toda a vida,[7] ao passo que três deles — Arnold Palmer, Jack Nicklaus e Tiger Woods — venceram mais de duzentos.[8] Além disso, encontram-se distribuições igualmente assimétricas dos melhores desempenhos no beisebol e no tênis, entre outros esportes.[9]

Considerando os múltiplos pré-requisitos de muitos empreendimentos humanos, não deveríamos ficar surpresos com o fato de avanços econômicos ou sociais não serem uniforme ou aleatoriamente distribuídos entre indivíduos, grupos, instituições ou nações em qualquer momento dado. Nem com o fato de retardatários em um século partirem na frente em algum século posterior ou líderes mundiais de uma era se tornarem retardatários em outra. Quando o ganho ou a perda de apenas um pré-requisito pode transformar o fracasso em sucesso ou o sucesso em

DISCRIMINAÇÃO E DISPARIDADES

fracasso, não deveria ser surpresa, em um mundo mutável, que líderes e retardatários de um século ou milênio troquem de lugar em outro século ou milênio.

Se os pré-requisitos mudam com o tempo e com o desenvolvimento de novos tipos de empreendimentos e se os avanços no conhecimento humano revolucionam os empreendimentos existentes, as chances de um padrão particular de sucesso e fracasso se tornar permanente podem ser grandemente reduzidas.

Talvez a mais revolucionária mudança na evolução das sociedades humanas tenha sido o desenvolvimento da agricultura, durante os últimos 10% da existência da espécie humana. A agricultura tornou possível alimentar populações concentradas em cidades, que, por sua vez, se tornaram (e permanecem) a fonte da maioria dos avanços históricos do que chamamos de civilização.[10]

As primeiras civilizações conhecidas surgiram em contextos geográficos com características impressionantemente similares. Elas incluíam vales de rios sujeitos a enchentes anuais, fossem na antiga Mesopotâmia; no vale do rio Indo, no subcontinente indiano; ao longo do rio Nilo, no Egito; ou no vale do rio Amarelo, na antiga China.[11]

Claramente havia outros pré-requisitos, uma vez que essa combinação particular não produziu agricultura ou civilizações dependentes da agricultura durante a maior parte da existência humana. Características genéticas peculiares às raças dessas localizações dificilmente parecem ter sido um fator-chave, dado que hoje as populações dessas áreas não estão na vanguarda das realizações humanas.

Padrões muito assimétricos de distribuição de sucesso há muito são comuns no mundo real e contradizem algumas hipóteses fundamentais da esquerda e da direita políticas. Pessoas em lados opostos de muitas questões presumem um nível contextual de probabilidades que não é realista.

Mas essa percepção falha das probabilidades — e o fato de o mundo real não corresponder às expectativas derivadas dela — pode motivar mo-

DISPARIDADES E PRÉ-REQUISITOS

vimentos ideológicos, cruzadas políticas e decisões judiciais, incluindo as da Suprema Corte dos Estados Unidos, na qual estatísticas de "impacto desproporcional" mostrando resultados diferentes para grupos diferentes têm sido suficientes para criar presunção de discriminação.

No passado, disparidades estatísticas similares foram suficientes para promover o determinismo genético, do qual surgiram a eugenia, as leis proibindo casamentos inter-raciais e, onde havia outros pré-requisitos para uma catástrofe monumental, o Holocausto.

Em resumo, as grandes disparidades entre as pessoas no que se refere a resultados econômicos, descobertas científicas, avanços tecnológicos e outras realizações têm inspirado esforços explicativos que percorrem todo o espectro ideológico. Para sujeitar essas explicações ao teste dos fatos, pode ser útil começar examinando algumas evidências empíricas sobre as disparidades entre indivíduos, grupos sociais, instituições e nações.

EVIDÊNCIAS EMPÍRICAS

Por trás de muitas tentativas de explicar e modificar as flagrantes disparidades de resultados entre seres humanos, está a suposição implícita de que elas não existiriam sem disparidades correspondentes na constituição genética das pessoas ou na maneira como são tratadas por outras pessoas. Essas disparidades existem tanto entre indivíduos quanto entre agregações de indivíduos organizados em instituições de vários tipos, de famílias e empresas a nações inteiras.

Distribuições assimétricas também são comuns na natureza, em resultados sobre os quais os seres humanos não possuem controle, como raios, terremotos e tornados.

DISCRIMINAÇÃO E DISPARIDADES

Pessoas

Embora possa parecer plausível que resultados iguais, ou ao menos comparáveis, existiriam entre as pessoas de vários grupos sociais na ausência de intervenção humana tendenciosa ou alguma diferença genética afetando seus resultados, nenhuma dessas crenças sobrevive ao teste das evidências empíricas.

Um estudo sobre os finalistas do National Merit Scholarship, por exemplo, descobriu que, entre as famílias com cinco filhos, o mais velho era finalista mais frequentemente que todos os outros filhos combinados.[12] Se não há igualdade de resultados entre pessoas nascidas dos mesmos pais e criadas sob o mesmo teto, por que ela deveria ser esperada — ou presumida — quando as condições não são nem de perto tão comparáveis? Os filhos mais velhos também compunham a maioria dos finalistas em famílias com dois, três e quatro filhos.[13]

Tais resultados são um desafio aos que acreditam na hereditariedade ou no ambiente, como esses termos são convencionalmente usados.

Dados sobre QI na Grã-Bretanha, na Alemanha e nos Estados Unidos mostraram que o QI médio do filho mais velho era mais alto que o QI médio dos filhos nascidos depois. Além disso, o QI médio do segundo filho, como grupo, era mais alto que o QI médio do terceiro.[14]

Um padrão similar foi encontrado entre jovens que fizeram testes mentais durante a seleção para o serviço militar na Holanda. O filho mais velho apresentava uma média mais alta nos resultados que seus irmãos mais novos, os quais, por sua vez, também apresentavam uma média mais alta que os irmãos nascidos depois deles.[15] Resultados similares foram encontrados nos testes mentais entre noruegueses.[16] O tamanho das amostras nesses estudos variou entre centenas e milhares de pessoas.[17]

Em muitos campos, essas vantagens do filho mais velho parecem se estender à vida adulta. Dados sobre estudantes de Medicina na classe de 1968 da Universidade de Michigan mostraram que a proporção de filhos

DISPARIDADES E PRÉ-REQUISITOS

mais velhos era mais que o dobro da proporção de filhos mais novos, como grupo, e mais de dez vezes a proporção dos quartos filhos ou mais.[18] Um estudo feito em 1978 com candidatos à escola de Medicina de Nova Jersey mostrou que o filho mais velho tinha super-representação entre os candidatos e super-representação ainda maior entre os candidatos aceitos.[19]

A maioria dos outros países não possui uma proporção tão alta de jovens recebendo educação universitária quanto os Estados Unidos. Mas, qualquer que seja a proporção em cada país, o filho mais velho tenderá a receber ensino superior mais frequentemente que os que nasceram depois. Um estudo entre bretões feito em 2003 mostrou que 22% dos filhos mais velhos obtiveram diploma, comparados a apenas 11% dos quartos filhos e 3% dos décimos.[20]

Um estudo com mais de 20 mil jovens franceses no fim do século XX mostrou que 18% dos filhos únicos completaram os quatro anos da faculdade, comparados a 16% dos filhos mais velhos e somente 7% dos quintos filhos ou mais. Entre as mulheres, a disparidade era ligeiramente maior: 23% das filhas únicas completaram os quatro anos da faculdade, comparadas a 19% das filhas mais velhas e somente 5% das quintas filhas ou mais.[21]

As diferenças relacionadas à ordem de nascimento persistem durante a carreira. Um estudo com cerca de 4 mil americanos concluiu que "o declínio do salário médio é ainda mais pronunciado" que o declínio do nível educacional entre os que nasceram primeiro e os que nasceram depois.[22] Outros estudos mostraram que o filho mais velho é super-representado entre advogados da área da Grande Boston[23] e membros do Congresso.[24] Dos 29 astronautas originais do programa Apolo, que colocou o homem na Lua, 22 eram filhos mais velhos ou filhos únicos.[25] O filho mais velho e o filho único também estão super-representados entre os principais compositores de música clássica.[26]

Considere quantas coisas são iguais para crianças nascidas dos mesmos pais e criadas sob o mesmo teto — raça, pool genético familiar, nível econômico, valores culturais, oportunidades educacionais, nível educacional e intelectual dos pais, assim como parentes, vizinhos e amigos da família — e, mesmo assim, a simples diferença na ordem de nascimento produz uma diferença demonstrável nos resultados.

Quaisquer que sejam as vantagens ou desvantagens que os filhos de determinada família possam ter, a única vantagem óbvia que se aplica somente ao primeiro filho ou ao filho único é a atenção indivisa dos pais durante o desenvolvimento infantil inicial.

O fato de os gêmeos tenderem a apresentar uma média de QI mais baixa que a de não gêmeos[27] reforça essa inferência. Seria possível conceber que a média mais baixa de QI dos gêmeos tenha se originado no útero, mas, quando um deles é natimorto ou morre logo após o nascimento, o gêmeo sobrevivente apresenta um QI médio mais próximo dos não gêmeos.[28] Isso sugere que, com gêmeos, assim como com outras crianças, a atenção indivisa ou dividida dos pais pode ser a chave.

Além da atenção parental quantitativamente diferente disponível para crianças nascidas antes ou depois dos irmãos, também há diferenças qualitativas na atenção parental em geral de uma classe social para outra. Descobriu-se que filhos de profissionais liberais ouvem 2.100 palavras por hora, ao passo que filhos de famílias da classe operária ouvem 1.200 palavras por hora e filhos de pais desempregados ouvem 600 palavras por hora.[29] Outros estudos sugerem que também há diferenças qualitativas no *modo* de interação entre pais e filhos em diferentes classes sociais.[30]

Nesse contexto, expectativas ou suposições sobre resultados iguais ou comparáveis entre crianças criadas de maneiras tão diferentes não possuem embasamento. Nem podem os diferentes resultados em escolas, faculdades ou empregos serem automaticamente atribuídos àqueles que as ensinam, atribuem notas ou contratam, uma vez que a evidência empírica mostra que a maneira como foram criadas pode afetar o desempenho quando adultas.

Não se trata simplesmente de possuírem diversos níveis de habilidade. Pessoas com diferentes backgrounds sociais também podem ter diferen-

DISPARIDADES E PRÉ-REQUISITOS

tes objetivos e prioridades, uma possibilidade na qual se presta pouca ou nenhuma atenção em muitos estudos que mensuram as oportunidades existentes através do movimento ascendente,[31] como se todos estivessem tentando ascender.

As realizações mais notáveis envolvem múltiplos fatores, começando com o desejo de ter sucesso em um empreendimento particular e a disposição de fazer o que for necessário para obtê-lo, sem os quais todas as habilidades inatas de um indivíduo e todas as oportunidades de uma sociedade nada significam, assim como o desejo e a oportunidade nada significam sem a habilidade.

O que isso sugere, entre outras coisas, é que um indivíduo, um povo ou uma nação podem possuir alguns, muitos ou a maioria dos pré-requisitos para uma realização sem obter qualquer sucesso real nela. E, mesmo assim, esse indivíduo, esse povo ou essa nação podem subitamente irromper em cena com um sucesso espetacular quando o fator ou fatores faltantes finalmente forem acrescentados à mistura.

Nações pobres e atrasadas que subitamente se moveram para a vanguarda das realizações humanas incluem a Escócia, a partir do século XVIII, e o Japão, a partir do século XIX. Ambos tiveram crescimentos rápidos, de acordo com a maneira como o tempo é medido na história.

Durante séculos, a Escócia foi uma das nações mais pobres e econômica e educacionalmente atrasadas das bordas externas da civilização europeia. Dizia-se que nenhum barão escocês do século XIV sabia escrever o próprio nome.[32] E, todavia, nos séculos XVIII e XIX, um número desproporcional de importantes figuras intelectuais da Grã-Bretanha possuía ancestralidade escocesa, incluindo James Watt na engenharia, Adam Smith na economia, David Hume na filosofia, Joseph Black na química, Sir Walter Scott na literatura e James Mill e John Stuart Mill nos textos econômicos e políticos.

Entre as mudanças que ocorreram com os escoceses, esteve a cruzada das igrejas protestantes para promover a ideia de que todo mundo deveria aprender a ler, a fim de compreender a Bíblia e não precisar de padres para interpretá-la. Outra mudança foi a mais secular, mas igualmente fervorosa cruzada para aprender a língua inglesa, que substituiu o gaélico nativo entre os escoceses das terras baixas e, consequentemente, abriu muito mais campos de conhecimento escrito.

Em alguns desses campos, incluindo a medicina e a engenharia, os escoceses superaram os ingleses e obtiveram renome internacional. Esses eram na maioria escoceses das terras baixas, e não das terras altas, que continuaram a falar gaélico por gerações.

O Japão, do mesmo modo, era uma nação pouco educada e tecnologicamente atrasada no fim do século XIX. Os japoneses ficaram estupefatos ao ver um trem pela primeira vez, oferecido a eles pelo comodoro americano Matthew Perry, cujos navios visitaram o país em 1853.[33] No entanto, após gerações de extraordinários esforços nacionais para alcançar o mundo ocidental em termos de tecnologia, o Japão passou para a vanguarda em vários campos na última metade do século XX. Entre outras coisas, criou um trem-bala que superava qualquer coisa produzida nos Estados Unidos.

Outros avanços extraordinários foram feitos por um povo em particular, e não por um estado-nação. Nas artes e nas ciências, estamos tão acostumados a ver desempenhos de primeiríssima classe por parte de intelectuais judeus que é necessário notar que tais desempenhos surgiram no mundo como fenômeno social nos séculos XIX e XX, ainda que tenha havido algumas figuras intelectuais judias de reconhecimento internacional em séculos anteriores.

Como disse um eminente historiador econômico: "A despeito de sua vasta vantagem em alfabetização e capital humano durante muitos séculos, os judeus desempenharam papel quase insignificante na história da ciência e da tecnologia antes e durante as primeiras fases da revolução industrial" e "os grandes avanços na ciência e na matemática entre 1600 e 1750 não incluem obras associadas a nomes judeus."[34]

Quaisquer que fossem as potencialidades dos judeus durante a era da revolução industrial, e a despeito de sua alfabetização e de outros capitais

DISPARIDADES E PRÉ-REQUISITOS

humanos, eles frequentemente tinham poucas oportunidades de acesso às instituições sociais mais amplas da Europa, onde a revolução industrial começou. Antes do século XIX, judeus não eram admitidos na maioria das universidades europeias.

No fim do século XVIII, os Estados Unidos foram pioneiros ao conceder aos judeus os mesmos direitos legais de outros cidadãos, como resultado da proibição constitucional de leis discriminatórias com base na religião. A França fez o mesmo após a revolução de 1789 e outras nações começaram a suavizar ou eliminar várias restrições aos judeus durante o século XIX.

Como consequência, houve um fluxo, e depois uma inundação, de judeus nas universidades. Nos anos 1800, por exemplo, eles representavam 30% de todos os estudantes da Universidade de Viena.[35] O resultado, no fim do século XIX e no século XX, foi a proliferação relativamente súbita de figuras judias internacionalmente renomadas em muitos campos, incluindo aqueles em que judeus estavam praticamente ausentes nos séculos anteriores.

De 1870 a 1950, os judeus estavam super-representados entre as figuras proeminentes das artes e das ciências, em relação à sua proporção na população de vários países europeus e dos Estados Unidos. Na segunda metade do século XX, constituindo menos de 1% da população mundial, eles receberam 22% dos prêmios Nobel de química, 32% dos de medicina e 32% dos de física.[36]

Aqui, como em outros contextos muito diferentes, a mudança na extensão em que os pré-requisitos são atendidos *completamente* pode ter efeitos dramáticos nos resultados em um período relativamente curto, em termos históricos. O fato de que os judeus ascenderam dramaticamente em certos campos depois que várias barreiras foram removidas não significa que outros grupos teriam feito o mesmo se as barreiras contra eles também fossem removidas, pois os judeus *já* possuíam vários pré-requisitos para tais realizações — notadamente alfabetização disseminada durante séculos nos quais o analfabetismo era a norma em todo o mundo — e só precisavam de alguns pré-requisitos adicionais para completar o conjunto necessário.

DISCRIMINAÇÃO E DISPARIDADES

Inversamente, a China foi durante séculos a nação mais tecnologicamente avançada do mundo, especialmente durante o que chamamos de Idade Média na Europa. Os chineses fundiram ferro mil anos antes dos europeus.[37] Um almirante chinês realizou uma viagem de descoberta mais longa que a de Colombo, gerações antes dele[38] e em navios muito maiores e tecnologicamente mais avançados.[39]

Uma decisão crucial na China do século XV, todavia, colocou em movimento uma mudança radical nas posições relativas de chineses e europeus. Tal como outras nações comprovadamente mais avançadas, os chineses viam os outros povos como inatamente inferiores, como "bárbaros", assim como os romanos viam aqueles que estavam além do domínio de seu império.

Convencido pelas viagens exploratórias de seus navios de que não havia nada a ser aprendido com os povos de outros lugares, em 1433 o governo da China decidiu não apenas interromper as viagens, mas *proibi-las*, assim como a construção de navios capazes de realizá-las, e reduzir amplamente a influência do mundo externo sobre a sociedade chinesa.

Por mais plausível que a decisão possa ter parecido na época, ela ocorreu quando a Europa emergia da "idade das trevas", do período de retrocesso após o declínio e a queda do Império Romano e experimentava o renascimento do progresso de muitas maneiras, incluindo o desenvolvimento de coisas que haviam se originado na China, como a impressão e a pólvora. Os navios de Colombo, embora não estivessem à altura dos outrora construídos na China, foram suficientes para cruzar o Atlântico em busca de uma rota para a Índia e, inadvertidamente, fazer uma descoberta que mudaria o mundo: a de todo um hemisfério.

Em resumo, a Europa tinha cada vez mais oportunidades de progresso, tanto em seu próprio continente quanto no mundo mais amplo que se abriu para ela com a expansão para a outra metade do planeta, em uma época na qual a China escolhera o caminho do isolamento, não total, mas substancial. A camisa de força do isolamento, imposta em muitas partes

DISPARIDADES E PRÉ-REQUISITOS

do mundo por barreiras geográficas que deixavam povos e nações pobres e atrasados,[40] foi imposta na China pelos próprios governantes.

O resultado, nos séculos que se seguiram, foi que a China ficou para trás em uma era de grande progresso tecnológico e econômico.

Na impiedosa selva internacional, isso significou que os outros países não somente a ultrapassaram, como também impuseram sua vontade a uma China vulnerável, que decaiu para o status de país do Terceiro Mundo, parcialmente subordinado aos outros países, inclusive com perdas de território quando os portugueses tomaram o porto de Macau, os ingleses tomaram o porto de Hong Kong e, finalmente, o Japão tomou muito território da China continental.

O que a China perdeu não foram os pré-requisitos representados pelas qualidades de seu povo, mas a sabedoria de seus governantes, que, com uma decisão crucial — a perda de apenas um pré-requisito —, abriram mão da proeminência do país no mundo.

Que as qualidades do povo chinês permaneceram presentes se tornou evidente no sucesso mundial de milhões de emigrantes chineses "ultramarinos", que chegaram a muitos países do Sudeste Asiático e do hemisfério ocidental, frequentemente desamparados e com pouca educação, mas que, com o passar das gerações, ascenderam à prosperidade e, em muitos casos, à grande riqueza.

O contraste entre o destino da China e o destino dos "chineses ultramarinos" foi demonstrado quando, em 1994, os 57 milhões de "chineses ultramarinos" produziram tanta riqueza quanto os bilhões de pessoas vivendo na China.[41]

Entre os projetos nacionais que falharam — felizmente, nesse caso — por falta de um pré-requisito, está a tentativa dos alemães nazistas de construírem uma bomba nuclear. Hitler não somente possuía tal programa como o iniciou antes dos Estados Unidos. Naquele momento, a Alemanha estava na vanguarda da física nuclear. No entanto, naquela conjuntura particular da história, muitos dos principais físicos nucleares do mundo eram judeus, e não somente o antissemitismo fanático de Hitler impediu sua participação no projeto da bomba nuclear como a ameaça para a sobrevivência dos judeus levou muitos deles a deixarem a Europa e imigrarem para os Estados Unidos.

Foi um físico nuclear judeu, então expatriado, que levou a ameaça de uma bomba nuclear à atenção do presidente Roosevelt e o urgiu a criar um programa para construí-la antes dos nazistas. Além disso, cientistas judeus — tanto expatriados quanto americanos — desempenharam importante papel no desenvolvimento da bomba nuclear americana.[42]

Esses cientistas representavam um recurso-chave que os Estados Unidos possuíam e Hitler não, devido a seu próprio fanatismo racial. O mundo inteiro escapou da possibilidade de aniquilação em massa ou da esmagadora sujeição à opressão e à desumanização nazistas porque o programa nuclear de Hitler não possuía um fator fundamental. Ele tinha alguns físicos nucleares importantes, mas não o suficiente.

Instituições

A China não foi, de modo algum, a única nação a abrir mão de uma posição superior entre as outras nações do mundo. A Grécia antiga e o Império Romano eram muito mais avançados que seus contemporâneos ingleses ou escandinavos, que eram majoritariamente analfabetos em uma época na qual gregos e romanos contavam com gigantes intelectuais e estabeleciam as fundações intelectuais e materiais da civilização ocidental. Ainda no século X, um erudito muçulmano notou que os europeus do norte eram mais pálidos e comentou que "quanto mais ao norte estão, mais estúpidos, grosseiros e brutos eles são".[43]

Tal correlação entre compleição e habilidade seria tabu hoje em dia, mas há poucas razões para duvidar que existia uma correlação muito real entre os europeus na época em que o comentário foi feito. O fato de que o

DISPARIDADES E PRÉ-REQUISITOS

norte e o oeste da Europa estariam à frente do sul, econômica e tecnologicamente, muitos séculos depois é um sinal encorajador de que o atraso em determinada era não significa atraso para sempre. Mas isso não nega que grandes disparidades econômicas e sociais existiram entre povos e nações em certos momentos e lugares.

Do mesmo modo, instituições particulares, como empresas comerciais, surgiram e desapareceram dramaticamente com o tempo. Muitos dos principais empreendimentos comerciais americanos de hoje surgiram com humildes mascates (Macy's e Bloomingdale's, por exemplo), foram iniciados por homens nascidos na pobreza (J. C. Penney, F. W. Woolworth) ou começaram em uma garagem (Hewlett Packard). Inversamente, grandes empreendimentos caíram dos pináculos do sucesso lucrativo, chegando até mesmo à falência, às vezes com a perda de um único pré-requisito.

Por mais de cem anos, a Eastman Kodak foi a empresa dominante na indústria fotográfica em todo o mundo. Foi George Eastman quem, no fim do século XIX, tornou as fotografias acessíveis a um grande número de pessoas comuns, com câmeras e filmes que não exigiam o conhecimento técnico dos fotógrafos profissionais. Antes do surgimento das câmeras e filmes Kodak, fotógrafos tinham de saber como aplicar emulsões sensíveis à luz sobre placas fotográficas que se encaixavam em câmeras grandes e desajeitadas e, mais tarde, revelar quimicamente as imagens e então imprimir as fotografias.

As pequenas e simples câmeras Kodak, com rolos de filme no lugar das placas fotográficas, permitiram que pessoas sem nenhum conhecimento técnico tirassem fotografias e deixassem sua revelação e impressão para outras pessoas.

Câmeras e filmes Kodak se espalharam pelos mercados internacionais. Durante décadas, a Eastman Kodak vendeu a maior parte dos filmes comprados em todo o mundo. E continuou detendo a maioria das vendas muito depois de eles começarem a ser produzidos em outros países e a Fujifilm, do Japão, fazer avanços no fim do século XX e obter 21% da

DISCRIMINAÇÃO E DISPARIDADES

participação de mercado em 1993.[44] A Eastman Kodak também fornecia a fotógrafos amadores e profissionais uma ampla variedade de equipamentos e suprimentos baseados na tecnologia do filme.

Por mais de um século, a Eastman Kodak apresentou todos os pré-requisitos para o sucesso. Em 1988, empregava mais de 145 mil trabalhadores em todo o mundo e, em 1996, sua receita anual chegou a quase 16 bilhões de dólares.[45] Entretanto, sua dominância mundial chegou a um fim notavelmente súbito no início do século XXI, quando a receita despencou e a empresa foi à falência.[46]

Somente um fator-chave mudou na indústria fotográfica: a substituição das câmeras analógicas pelas digitais. As vendas mundiais de câmeras analógicas chegaram ao ápice em 2000, quando foram mais de quatro vezes maiores que as vendas de câmeras digitais. Três anos depois, em 2003, as vendas de câmeras digitais superaram as analógicas pela primeira vez. Apenas dois anos mais tarde, chegaram ao ápice que as câmeras analógicas haviam atingido em 2000 e suas vendas passaram a ser mais quatro vezes maiores.[47]

A Eastman Kodak, que produziu o primeiro sensor eletrônico de imagem do mundo,[48] foi destruída por sua própria invenção, que outras empresas levaram a níveis mais elevados nas câmeras digitais. Isso inclui empresas de eletrônica que inicialmente não participavam da indústria fotográfica, como a Sony, cuja participação no mercado de câmeras digitais era mais que o dobro da participação da Eastman Kodak no fim do século XX e início do XXI,[49] quando as vendas de câmeras digitais dispararam.

Com o súbito colapso do mercado de câmeras analógicas, os aparatos e suprimentos fotográficos da Kodak, baseados na tecnologia de filme, perderam a maior parte de seu mercado e a empresa se desintegrou economicamente. Sua maestria dos pré-requisitos para o sucesso nada significou quando apenas um desses pré-requisitos mudou. E a queda da dominância industrial mundial para a falência não foi exclusiva da Eastman Kodak.*

---

* Mais de meio século antes do colapso da Eastman Kodak, o economista J.A. Schumpeter afirmou que a competição econômica mais poderosa não se dá entre fabricantes do mesmo produto, como frequentemente se assume, mas entre velhas e novas tecnologias

26

DISPARIDADES E PRÉ-REQUISITOS

Natureza

Na natureza, assim como nos esforços humanos, pode haver múltiplos pré-requisitos para vários fenômenos naturais e, do mesmo modo, esses múltiplos pré-requisitos podem levar a distribuições muito assimétricas de resultados.

Embora alguns considerem surpreendente que as similaridades entre chimpanzés e seres humanos se estendam a bem mais que 90% de sua composição genética, o que pode ser ainda mais surpreendente é que mesmo uma criatura microscópica e vermiforme também partilha conosco a maior parte de sua composição genética.[50] Mas possuir muitos ou a maioria dos pré-requisitos de nada conta na produção do resultado final.

Múltiplos fatores precisam se unir a fim de criar tornados, e mais de 90% de todos os tornados do mundo ocorrem em apenas um país, os Estados Unidos.[51] Não há nada surpreendentemente único no clima ou no terreno americanos que não possa ser encontrado, como característica individual, em vários outros lugares do mundo. Mas todos os pré-requisitos para tornados não se unem tão frequentemente no restante do mundo como o fazem nos Estados Unidos.

Similarmente, raios ocorrem mais frequentemente na África que na Europa e na Ásia juntas, mesmo que a Ásia sozinha seja maior que a

---

e métodos de organização. No caso da Eastman Kodak, o que se mostrou decisivo foi a competição não com a Fujifilm, mas com as câmeras digitais. Para Schumpeter, a competição decisiva não era aquela entre empresas que produziam os mesmos produtos, como diziam os livros de economia. Em suas palavras, "não é esse tipo de competição que conta, mas a competição com a nova commodity, a nova tecnologia, a nova fonte de suprimentos, o novo tipo de organização (a unidade de controle em larga escala, por exemplo), uma competição que exige um custo decisivo ou uma vantagem qualitativa e atinge não as margens de lucro ou a produção das empresas já existentes, mas suas fundações e suas próprias vidas". Joseph A. Schumpeter, *Capitalism, Socialism, and Democracy*, 3ª edição (Nova York: Harper & Brothers, 1950 [*Capitalismo, Socialismo e Democracia*. Rio de Janeiro: Zahar, 1984]), p. 84.

DISCRIMINAÇÃO E DISPARIDADES

África ou qualquer outro continente.[52] Entre muitas outras distribuições assimétricas na natureza, terremotos são comuns na costa do oceano Pacífico, tanto na Ásia quanto no hemisfério ocidental, e raros na costa do oceano Atlântico.[53]

Entre outros resultados altamente assimétricos na natureza, algumas configurações geográficas produzem muito mais espécies que outras. A região amazônica, na América do Sul, é uma dessas configurações:

> A bacia amazônica, na América do Sul, contém a maior extensão de floresta tropical do mundo. Sua diversidade é renomada. Em uma única árvore peruana, Wilson (1988) encontrou 43 espécies de formigas, comparáveis a toda a fauna de formigas das Ilhas Britânicas.[54]

Disparidades similares podem ser encontradas entre o número de espécies de peixes na região amazônica e na Europa: "Em uma lagoa amazônica do tamanho de uma quadra de tênis, foram capturadas oito vezes mais espécies de peixes que as existentes em todos os rios da Europa."[55]

IMPLICAÇÕES

O que podemos concluir de todos esses exemplos de distribuições altamente assimétricas em todo o mundo? Nem na natureza nem entre seres humanos a distribuição igual ou aleatória de resultados é automática. Ao contrário, distribuições de resultados altamente desiguais são comuns, tanto na natureza quanto entre as pessoas, em circunstâncias nas quais não há nem genética nem discriminação envolvidas.

O que parece uma conclusão mais defensável é que, como disse o historiador econômico David S. Landes, "O mundo nunca foi um campo de jogo nivelado".[56] A ideia de que *deveria* ser, não fossem a genética ou a discriminação, é uma preconcepção que desafia tanto a lógica quanto os

DISPARIDADES E PRÉ-REQUISITOS

fatos. Nada é mais fácil de encontrar entre os seres humanos do que pecados, mas automaticamente transformá-los na única, ou mesmo primária, causa dos resultados diferentes entre as pessoas é ignorar muitas outras razões para tais disparidades.

Diferenças geográficas são um dos fatores que produzem distribuição assimétrica de resultados. Povos litorâneos tendem a ser mais prósperos e avançados que povos da mesma raça vivendo no interior, ao passo que, similarmente, povos vivendo nos vales dos rios tendem a ser mais prósperos e avançados que povos vivendo nas montanhas.[57]

A maioria das terras férteis do mundo está nas zonas temperadas e poucas ou nenhuma nos trópicos.[58] Áreas que são tanto próximas do mar quanto situadas em zonas temperadas representam 8% da área habitada, 23% da população e 53% do produto interno bruto do mundo.[59]

Nem a genética nem a discriminação são necessárias ou suficientes para responder por tais resultados assimétricos. Isso não significa que possam simplesmente ser ignoradas em qualquer circunstância, mas que evidências concretas são necessárias para substanciar essas possibilidades, que permanecem hipóteses testáveis, mas não são conclusões inevitáveis.

Considerando-se quão ampla, longa e intensamente cada uma dessas explicações — genética ou discriminação — dominaram o pensamento, as leis e as políticas de várias partes do mundo, não é simples evitarmos ser encurralados por uma dessas preconcepções.

Duas das catástrofes monumentais do século XX — o nazismo e o comunismo — levaram ao massacre de milhões de seres humanos, com o objetivo de livrar o mundo do fardo das raças "inferiores" ou dos "exploradores" responsáveis pela pobreza dos explorados. Embora cada uma dessas crenças possa ter sido uma hipótese testável, seus maiores triunfos políticos surgiram como dogmas que estavam fora do alcance da evidência ou da lógica.

Nem o *Mein Kampf* de Hitler nem o *Capital* de Marx foram um exercício de testabilidade de hipóteses. Ainda que o tratado econômico em

DISCRIMINAÇÃO E DISPARIDADES

três volumes de Karl Marx tenha sido uma realização intelectual muito superior, em nenhuma de suas 2.500 páginas a "exploração" foi tratada como hipótese testável, sendo, em vez disso, a hipótese fundacional sobre a qual uma superestrutura intelectual foi construída. E provou ser uma fundação de areia movediça. Livrar-se dos "exploradores" capitalistas em países comunistas não elevou o padrão de vida dos trabalhadores, nem mesmo aos níveis comuns nos países capitalistas, nos quais os trabalhadores presumivelmente ainda eram explorados, como os marxistas concebiam o termo.

Similarmente, a discriminação como explicação para as disparidades econômicas e sociais pode ter apelo emocional para muitas pessoas. Mas, ao menos, podemos tentar tratá-la, e a outras teorias alternativas, como hipótese testável. As consequências históricas de considerar crenças como dogmas sagrados fora do alcance da evidência ou da lógica deveriam ser suficientes para nos convencer a não percorrer esse caminho, a despeito de quão excitantes ou emocionalmente satisfatórios os dogmas políticos e as cruzadas deles resultantes possam ser, ou de quão convenientes em nos poupar do trabalho enfadonho e desconfortável de pensar sobre nossas crenças ou testá-las contra os fatos.

2.

Discriminação: significados e custos

Diz-se que algumas pessoas possuem gosto discriminativo quando são especialmente boas em detectar diferenças de qualidade na hora de escolher vinhos, pinturas ou outros bens e serviços. Mas a palavra também é usada, no sentido quase oposto, para se referir a diferenças arbitrárias de comportamento em relação às pessoas com base em suas identidades grupais, quaisquer que sejam suas qualidades reais como indivíduos.

Ambos os tipos de discriminação podem gerar grandes diferenças no resultado, seja julgando pessoas ou coisas. Conhecedores de vinho escolhem um tipo com muito mais frequência que outro e pagam muito mais por uma garrafa desse tipo que por uma garrafa de outro.

Algo similar frequentemente pode ser observado quando se trata de pessoas. É comum, em países de todo o mundo, que alguns grupos apresentem resultados muito diferentes quando são julgados por outros em contextos profissionais e estudantis. Desse modo, grupos diferentes podem acabar com rendas, ocupações e taxas de desemprego muito diferentes, assim como taxas de admissão em colégios e universidades, entre várias outras disparidades de resultado no nível do grupo.

DISCRIMINAÇÃO E DISPARIDADES

A pergunta fundamental é: que tipo de discriminação levou a tais resultados díspares? As diferenças de qualidade entre indivíduos ou grupos foram corretamente discernidas pelos outros ou eles tomaram suas decisões com base em aversões pessoais ou suposições arbitrárias sobre membros de grupos particulares? No fim das contas, essa é uma pergunta empírica, mesmo que as tentativas de respondê-la evoquem sentimentos e certezas passionais em observadores que chegam a conclusões opostas.

Em outras palavras: as disparidades de resultados por grupos são produto de diferenças *internas* de comportamento e capacidades, acuradamente avaliadas por outsiders, ou se devem a imposições *externas* baseadas em julgamentos errôneos e preconceituosos ou no antagonismo de outsiders?

As respostas a tais perguntas não são necessariamente as mesmas para todas as disparidades grupais, nem para o mesmo grupo em diferentes épocas e lugares. Buscá-las é mais que um exercício acadêmico quando o objetivo final é permitir que mais seres humanos tenham a possibilidade de melhorar suas condições. Mas, antes de tentar encontrar as respostas, precisamos ter bastante clareza em relação às palavras que usaremos para fazer as perguntas.

SIGNIFICADOS DE DISCRIMINAÇÃO

No mínimo, precisamos saber o que queremos dizer quando usamos a palavra "discriminação", especialmente porque ela possui significados conflitantes. O sentido mais amplo — a habilidade de discernir diferenças de qualidade em pessoas e coisas e escolher de acordo — pode ser chamado de Discriminação I, que faz distinções baseadas em fatos. O significado mais estrito, mas mais comumente empregado — tratar as pessoas de maneira negativa, com base em suposições arbitrárias ou aversão a indivíduos de uma raça ou sexo particular, por exemplo — pode ser chamado de Discriminação II, o tipo que levou a leis e políticas antidiscriminatórias.

Idealmente, a Discriminação I, quando aplicada a pessoas, significaria julgar cada uma delas como indivíduo, independentemente do grupo a

DISCRIMINAÇÃO: SIGNIFICADOS E CUSTOS

que pertença. Mas aqui, como em outros contextos, o ideal raramente é encontrado entre seres humanos do mundo real, nem mesmo entre os que esposam esse ideal.

Se você está caminhando à noite por uma rua deserta e vê uma figura indistinta nas sombras de um beco, você julga essa pessoa como indivíduo ou atravessa a rua e passa para a calçada do outro lado? A figura indistinta no beco poderia ser um vizinho gentil caminhando com o cachorro. Mas, ao tomar tal decisão, um erro de sua parte poderia custar caro, chegando a custar sua vida.

Em outros contextos, você realmente pode julgar cada pessoa como indivíduo. Mas o fato de isso depender do contexto significa que as pessoas já foram implicitamente pré-selecionadas e somente então julgadas como indivíduos. Por exemplo, um professor que entra na sala no primeiro dia de aula pode julgar e tratar cada estudante como indivíduo. Mas o mesmo professor, caminhando por uma rua deserta à noite, pode não julgar e reagir a cada estranho que encontra como indivíduo.

É pouco provável que os estudantes em uma sala de aula sejam uma amostra aleatória da ampla variedade encontrada na população em geral, é mais provável que representem uma variedade menor de pessoas, reunidas para uma variedade menor de objetivos, com uma variedade menor de características individuais, além de estarem em um cenário menos perigoso que uma rua escura à noite.

Em resumo, uma das diferenças entre a aplicabilidade da Discriminação I e da Discriminação II é o custo, e esse custo nem sempre é baixo ou mensurado em dinheiro. Todo mundo pode concordar que a Discriminação I é preferível, se todas as outras coisas forem iguais, porque significa tomar decisões baseadas em realidades demonstráveis. Mesmo assim, podemos estar conscientes de que as outras coisas nem sempre são iguais e, às vezes, estão muito longe de ser.

Onde há diferença de custos entre Discriminação I e Discriminação II, a escolha pode depender muito de quão altos são esses custos ou quem os paga. Pessoas que jamais caminhariam por determinada vizinhança à noite, ou talvez nem mesmo durante o dia, podem ficar indignadas com bancos que praticam *redlining*, ou seja, que negam seus serviços a bairros e comunidades específicos. O *redlining* dos próprios observadores em suas escolhas sobre onde caminhar pode jamais ser visto por eles como exemplo do mesmo princípio.

Em resumo, a Discriminação I pode ter custos proibitivos em algumas situações, especialmente quando aplicada no nível individual. Mas a Discriminação II, o viés arbitrário ou baseado em antipatia contra um grupo, não é a única outra opção. Outra maneira de tomar decisões é pesar as evidências empíricas sobre os grupos como um todo ou sobre as interações de diferentes grupos entre si.

Isso ainda é Discriminação I, pois baseia decisões em evidências empíricas. Mas a distinção entre a versão ideal da Discriminação I — julgar cada indivíduo como indivíduo — e as decisões baseadas em evidências empíricas sobre o grupo ao qual o indivíduo pertence é importante. Podemos chamar a versão ideal (basear as decisões em evidências sobre os indivíduos) de Discriminação Ia, e a versão menos ideal (basear decisões individuais em evidências grupais) de Discriminação Ib. Ambas diferentes da Discriminação II, que decide com base em noções insubstanciais ou animosidades.

Para dar um exemplo extremo de Discriminação Ib, se 40% das pessoas do Grupo X são alcoólatras e 1% das pessoas do grupo Y são alcoólatras, um empregador pode muito bem preferir contratar somente pessoas do Grupo Y para trabalhar em uma posição na qual um alcoólatra seria não somente ineficaz, mas também perigoso. Isso significa que a maioria das pessoas do Grupo X — 60%, nesse caso — não teria acesso ao emprego, mesmo não sendo alcoólatra.

O que importa crucialmente para o empregador é o *custo* de determinar qual indivíduo é ou não alcoólatra quando todos os candidatos se apresentam sóbrios no dia em que procuram emprego.

Isso também importa para os consumidores que compram os produtos do empregador e para a sociedade como um todo. Se alcoólatras produzem

DISCRIMINAÇÃO: SIGNIFICADOS E CUSTOS

maior proporção de produtos defeituosos, isso é um custo para os consumidores, e pode assumir diferentes formas. Por exemplo, o consumidor pode comprar o produto e então descobrir que é defeituoso. Outra possibilidade é que produtos defeituosos sejam descobertos na fábrica e descartados. Nesse caso, os consumidores pagarão preços mais altos, uma vez que o custo dos produtos defeituosos descartados na fábrica precisa ser coberto pelo preço dos produtos que passaram pela inspeção e serão vendidos.

Na extensão em que alcoólatras são não somente ineficazes, mas também perigosos, os custos são pagos pelos colegas, que enfrentam esses perigos no local de trabalho, ou pelos consumidores, que compram produtos perigosamente defeituosos, ou ambos. Em resumo, há sérios gastos inerentes à situação, de modo que 60% das pessoas do Grupo X, os empregadores ou os consumidores — ou todos os três — acabam pagando os custos do alcoolismo de 40% das pessoas do Grupo X.

Isso certamente não é julgar cada candidato como indivíduo, então não é Discriminação I no mais puro sentido da Discriminação Ia. Em contrapartida, também não é Discriminação II, no sentido de tomar decisões baseadas em viés pessoal ou antipatia pelo grupo. O empregador pode muito bem ter amigos no Grupo X, com base em muito mais conhecimento desses indivíduos em particular do que seria possível obter a respeito dos candidatos sem gerar custos proibitivos.

O ponto aqui não é justificar nem condenar o empregador, mas *classificar* diferentes processos de tomada de decisão, de modo que suas implicações e consequências possam ser analisadas separadamente. Se julgar cada pessoa como indivíduo é Discriminação Ia, podemos classificar como Discriminação Ib basear as decisões sobre um grupo em informações corretas sobre esse grupo, embora não necessariamente corretas sobre a maioria dos indivíduos do grupo.

Um exemplo da vida real dos efeitos do custo do conhecimento nesse contexto é um estudo que demonstrou que, a despeito da relutância de muitos empregadores de contratarem jovens negros, porque uma proporção

DISCRIMINAÇÃO E DISPARIDADES

significativa deles possui antecedentes criminais (Discriminação Ib), aqueles que verificaram naturalmente os antecedentes de *todos* os candidatos (Discriminação Ia) tenderam a contratar mais jovens negros que outros empregadores.[1]

Em outras palavras, quando a natureza do trabalho torna aceitável o custo de verificar os antecedentes criminais de todos os candidatos, já não é necessário usar informações sobre o grupo para avaliar se candidatos jovens e negros possuem antecedentes. Isso tornou candidatos jovens e negros sem antecedentes criminais mais empregáveis que antes.

Há mais envolvido aqui que uma simples questão de nomenclatura. Isso possui implicações para as políticas práticas do mundo real. Muitos observadores, esperando ajudar os jovens negros a terem mais oportunidades de emprego, quiseram *proibir* que os empregadores perguntassem aos candidatos sobre seus antecedentes criminais. Mais que isso, a Comissão Americana de Oportunidades Iguais de Emprego processou os empregadores que fizeram verificações de antecedentes criminais, afirmando que se tratava de discriminação racial, mesmo quando elas foram aplicadas a todos os candidatos, independentemente da raça.[2] Empiricamente, contudo, a verificação de antecedentes criminais forneceu *mais* oportunidades de emprego para jovens negros.

Em uma situação muito diferente, mesmo empregadores que não possuem animosidade ou aversão a grupos particulares podem se engajar na Discriminação Ib — generalizações de base empírica — quando sabem que vários grupos reagem diferentemente na presença de outro grupo ou grupos.

Nos Estados Unidos do século XIX, por exemplo, quando havia muitos imigrantes europeus na força de trabalho, alguns grupos traziam da Europa seus antagonismos mútuos. Ter uma força de trabalho que incluísse irlandeses tanto protestantes quanto católicos era correr o risco de atritos que causariam distração e mesmo violência, com efeitos negativos sobre a produtividade. Em outras palavras, uma força de trabalho formada exclusivamente por um dos grupos era mais eficiente que uma com ambos.

36

DISCRIMINAÇÃO: SIGNIFICADOS E CUSTOS

Os mesmos princípios se aplicam quando diferentes grupos possuem reações especialmente positivas uns aos outros. O empregador pode ser indiferente ao fato de o trabalho ser feito por homens ou mulheres e, mesmo assim, estar consciente de que homens e mulheres não são indiferentes uns aos outros, ou a raça humana teria entrado em extinção há muito tempo.

Assim, no interesse da eficiência da força de trabalho, quando uma ocupação em particular é predominantemente escolhida por mulheres, como enfermagem, o empregador pode relutar em contratar um enfermeiro, quaisquer que sejam suas qualificações individuais. Inversamente, onde lenhadores são predominantemente homens, o empregador pode relutar em empregar uma lenhadora, mesmo que ela seja visivelmente tão qualificada quanto os homens.

Os observadores que afirmam que indivíduos particulares são igualmente qualificados, independentemente do sexo, passam ao largo da questão. Um indivíduo igualmente qualificado pode fazer o trabalho tão bem quanto os outros, mas, se alguns dos outros ficarem distraídos, o resultado líquido será uma força de trabalho menos eficiente. Essa é a base empírica que pode levar empregadores a praticarem a Discriminação Ib em tais situações, mesmo que não possuam preconceitos nem aversão por aqueles com menos probabilidades de serem contratados.

Diagnosticar erroneamente a base da discriminação produz mais que diferença de palavras. Pode produzir políticas com menos chances de atingir seus objetivos ou mesmo que piorem a situação, como no caso de proibir que os empregadores verifiquem os antecedentes criminais dos candidatos. Além disso, custos mais altos não são um problema limitado aos empregadores. Outras pessoas pagarão pelos custos mais altos que inicialmente recaem sobre os empregadores se eles quiserem continuar no negócio e gerando empregos. Muitas pessoas não gostam de ouvir os economistas dizerem que não existe almoço grátis, mas isso não muda a realidade.

Decisões de empregabilidade não são as únicas afetadas pela discriminação de um tipo ou de outro.

DISCRIMINAÇÃO E DISPARIDADES

Quando há diferenças reais entre os grupos, com consequências potencialmente catastróficas, como taxas de homicídio muito mais altas em um grupo que em outro, a Discriminação Ib pode ser levada ao ponto de *redlining* de uma área ou grupo inteiros, mesmo quando a maioria do grupo evitado não é culpada pelo comportamento temido.

Em vizinhanças com elevadas taxas de criminalidade, por exemplo, a maioria das pessoas não é necessariamente criminosa.* Mas os custos de classificar a população local de maneira individual podem ser proibitivamente altos. Consequentemente, é provável que as decisões sejam tomadas por meio de um processo mais grosseiro, baseado em generalizações empíricas — Discriminação Ib —, e não na mais criteriosa, porém custosa, Discriminação Ia ou na Discriminação II, baseada em antipatia ou viés.

Uma das consequências de tais situações é que a maioria cumpridora da lei em uma vizinhança de alta criminalidade pode terminar pagando um alto preço pela presença de uma minoria criminosa. Algumas empresas não entregarão seus produtos — sejam pizzas ou móveis — por causa do risco de danos físicos, incluindo morte, para seus funcionários.

Motoristas de táxi podem evitar levar passageiros para tais locais, inclusive motoristas negros podem se recusar a ir a bairros negros de alta criminalidade, especialmente à noite. Redes de supermercados e outros negócios frequentemente evitam abrir lojas nesses bairros, por razões similares.

Tudo isso fere as pessoas cumpridoras da lei, que, na verdade, pagam o preço pelo que outras pessoas estão fazendo. Além de serem as principais vítimas dos criminosos em seu meio, também pagam literalmente o preço mais alto pelas mercadorias vendidas em locais nos quais os custos de se fazer negócio são maiores devido aos níveis mais elevados de vandalismo, furtos, roubos e assaltos, e taxas mais altas de seguro por causa dessas e de outras desordens.[3]

---

* Como nota pessoal, há alguns anos uma parente idosa estava atravessando uma rua movimentada no Bronx quando desmaiou e caiu no chão, em uma vizinhança de alta criminalidade. As pessoas na calçada correram para o meio da rua, a fim de desviar o tráfego. Uma das mulheres do grupo cuidou de sua bolsa e a devolveu quando minha parente recobrou a consciência. Nem um centavo estava faltando.

DISCRIMINAÇÃO: SIGNIFICADOS E CUSTOS

Um estudo intitulado *The Poor Pay More* [Os pobres pagam mais] viu os pobres como "consumidores explorados",[4] dos quais as lojas localizadas em bairros de baixa renda tiravam vantagem. Essa visão ganhou destaque na mídia, no governo e nas publicações acadêmicas.[5] Todavia, como muitos bairros de baixa renda são também bairros de alta criminalidade, o estudo cometeu um erro muito comum ao assumir que a *causa* de um resultado indesejável pode ser determinada pelo local no qual os dados estatísticos são coletados.

Nesse caso, os pesquisadores coletaram os preços nas lojas dos bairros. Mas as *causas* desses preços mais altos não eram as pessoas que colocavam as etiquetas nos produtos. Além disso, embora os preços fossem maiores em lojas pequenas de bairros de baixa renda, as taxas de lucro sobre o investimento em tais lojas não eram mais *altas* que a média, mas mais *baixas*,[6] a despeito de algumas pessoas terem assumido que tinham de ser mais altas, por causa dos preços mais elevados.[7]

Para pessoas que desconhecem os fatores econômicos da situação, preços mais altos podem ser vistos simplesmente como "inflacionamento" por parte de lojistas "gananciosos" — Discriminação II contra bairros habitados por minorias — e um problema que o governo poderia solucionar impondo controle de preços, por exemplo, como sugeriu um jornal do Harlem durante o furor causado nos anos 1960 pelas revelações de que "os pobres pagam mais".[8]

Se, contudo, as empresas não recuperarem os custos mais altos de fazer negócios nesses bairros, enfrentarão a perspectiva de fechar as portas. Frequentemente há escassez de lojas em bairros de baixa renda e alta criminalidade, e esse dificilmente seria o caso se taxas mais elevadas de lucro estivessem sendo obtidas com os preços mais altos cobrados em tais locais.

Pode não ser consolo para os cidadãos cumpridores da lei em bairros de alta criminalidade o fato de os preços mais elevados que pagam estarem reembolsando os custos maiores de se fazer negócio no local onde vivem. No entanto, políticos e ativistas locais têm todos os incentivos para alegar que esses preços se devem à discriminação, no sentido de Discriminação II, mesmo quando, na verdade, a comunidade simplesmente está pagando os custos adicionais gerados por alguns de seus residentes.

Os residentes locais que não criaram nenhum desses custos podem ser vítimas daqueles que o fizeram, e não dos que cobram os resultantes preços mais altos. Isso não é apenas um ponto filosófico abstrato ou uma questão de semântica. A diferença entre compreender a fonte dos preços mais altos e erroneamente culpar aqueles que os cobram — o que é especialmente provável quando a maioria dos negócios locais pertence a pessoas etnicamente diferentes das que vivem na área — é a diferença entre fazer coisas para aliviar o problema e coisas que podem piorá-lo ao afugentar empresas muito necessárias.

Embora preços elevados em bairros de baixa renda frequentemente sejam discutidos no contexto de minorias raciais ou étnicas, as mesmas consequências econômicas são encontradas quando os residentes de tais bairros são pessoas brancas. Como relatou o *Cincinnati Enquirer*: "Residentes do leste de Kentucky se referem aos preços e juros mais altos comuns em sua área como 'taxa dos caipiras'."[9]

Entre as coisas que podem ser feitas para reduzir o fardo de injustiça dos residentes cumpridores da lei de bairros de alta criminalidade está a imposição mais intensa da lei pela polícia e pelos tribunais. Mas, enquanto o público — dentro e fora das comunidades afetadas — encarar preços mais altos como Discriminação II contra a comunidade afetada, devido a viés ou antipatia da sociedade mais ampla, a imposição mais intensa da lei pode ser considerada apenas outra injustiça.

Em resumo, o fato de as pessoas acreditarem que os preços mais altos em bairros de baixa renda e alta criminalidade se devem à Discriminação II ou a decisões empíricas (Discriminação I) importa em termos de que políticas para reduzir o fardo de injustiça dos residentes cumpridores da lei são politicamente viáveis. A solidariedade comunitária ou étnica pode ser um grande obstáculo na hora de ver, acreditar ou responder aos fatos.

INFORMAÇÃO ADICIONAL: FATORES POR TRÁS DAS DIFERENÇAS DE PREÇO

A criminalidade não é a única razão para os preços serem mais altos em muitos bairros de baixa renda. Para alguém não familiarizado com economia, talvez pareça estranho que uma loja em um bairro de baixa renda possa estar lutando para sobreviver enquanto vende por 1 dólar um produto que o Walmart oferece por 75 centavos. Mas os custos de manter uma loja estão entre as muitas coisas que não são nem iguais, nem aleatórias. Os custos do Walmart são mais baixos de muitas maneiras, e a localização segura é apenas uma delas.

Mesmo que a loja que cobra 1 dólar esteja obtendo 15 centavos de lucro bruto por item, ao passo que o Walmart obtém apenas 10 centavos, se a taxa de rotatividade dos estoques do Walmart for três vezes mais alta, em um dado período ele obterá 30 centavos com a venda de cada item, enquanto a loja local obterá apenas 15. Na verdade, a taxa de rotatividade dos estoques do Walmart é mais alta até que a de outras grandes redes, e muito mais alta que a de uma loja de bairro, na qual um item pode ficar nas prateleiras durante longo tempo.

Os custos de entrega por item também tendem a ser mais baixos no caso do Walmart. Por exemplo, o custo de entregar cem caixas de cereal em uma loja gigantesca do Walmart pode ser muito mais baixo que o custo de entregar dez caixas de cereal em dez lojas pequenas espalhadas pela cidade. São cem caixas de cereal em ambos os casos, mas o custo de entrega pode ser totalmente diferente.

DISCRIMINAÇÃO E DISPARIDADES

Nada disso nos diz quanta Discriminação I ou Discriminação II existem em uma sociedade ou quantas disparidades de resultado se devem a outras circunstâncias ou processos decisórios.

Em algumas situações, pode haver custos deliberadamente impostos a um grupo por outsiders — Discriminação II —, como, no passado, negar aos americanos negros o direito de votar em muitos estados do sul. As leis de segregação racial de tais estados, que forçavam passageiros negros a se sentar no fundo de ônibus e bondes e lhes negava admissão nas universidades estaduais destinadas a brancos, são exemplos óbvios de clara discriminação racial.

Os guetos originais dos séculos passados, que forçavam judeus a viver em uma área confinada e os bania da maioria das universidades europeias, são outros exemplos da mesma Discriminação II. Inúmeros outros grupos em países de todo o mundo — os "intocáveis" da Índia são um exemplo clássico — enfrentam restrições e opressões ainda piores.

Todos esses custos são impostos pela Discriminação II e pagos por suas vítimas. O que também requer análise, a fim de entendermos causa e efeito, são os valores pagos pelos *discriminadores*, porque eles determinam o quanto a Discriminação II pode persistir em circunstâncias e instituições particulares. Tais custos não possuem tanta atração moral, política ou ideológica quanto os pagos pelas vítimas, mas aqueles que os discriminadores têm a pagar e as circunstâncias nas quais precisam ou não pagá-los podem afetar a probabilidade de que a Discriminação II seja de fato infligida.

Entender os custos pagos pelos discriminadores também possibilita políticas que assegurem que estes não sejam evadidos, assim como avisos de que outras políticas podem inadvertidamente livrá-los desses custos, se as circunstâncias não forem compreendidas.

DISCRIMINAÇÃO: SIGNIFICADOS E CUSTOS

CUSTOS DA DISCRIMINAÇÃO

Nem a quantidade nem a severidade da Discriminação II são permanentemente fixas. Ela varia grandemente de um país para outro e de uma era para outra no mesmo país. Houve uma era em que muitos anúncios americanos de emprego diziam "Não aceitamos irlandeses" ou "Somente para brancos". Houve um tempo no qual algumas lojas no Harlem, quando o Harlem era uma elegante comunidade branca, tinham cartazes que diziam "Proibida a entrada de judeus e cães".[10]

Os americanos tampouco foram os únicos. Em muitos outros países e épocas, a discriminação de grupo — ou seja, a Discriminação II — era tão disseminada e amplamente compreendida que nenhum cartaz era necessário. Que uma mulher, um judeu ou membros de alguns outros grupos se candidatassem a um emprego seria considerado um presunçoso desperdício do tempo do empregador.

Causalidade

Ao tentar entender as causas e consequências da discriminação em contratações e promoções, é necessário novamente considerar se se trata de Discriminação I ou Discriminação II. Essa não é sempre uma pergunta fácil de responder e, na verdade, respostas fáceis, como automaticamente equiparar disparidades estatísticas nos resultados com Discriminação II, podem ser um grande obstáculo para se chegar à verdade.

Um empregador que julga cada candidato individualmente, sem levar em conta o grupo a que pertence, pode, mesmo assim, terminar com funcionários cuja composição demográfica é muito diferente da composição demográfica da população local.

Um importante fato demográfico que com frequência é ignorado por aqueles que automaticamente equiparam disparidades estatísticas de re-

DISCRIMINAÇÃO E DISPARIDADES

sultados com Discriminação II é que diferentes grupos étnicos possuem variadas idades médias. Nipo-americanos, por exemplo, possuem uma idade média quase *duas décadas* mais avançada que a de mexicano--americanos.[11] Ainda que cada indivíduo da mesma idade tivesse a mesma renda, independentemente do grupo, haveria sérias disparidades de renda entre nipo-americanos e mexicano-americanos, assim como entre muitos outros grupos.

Um grupo com idade média por volta dos 20 anos obviamente não terá uma proporção tão grande da população com vinte anos de experiência quanto um grupo cuja idade média está por volta dos 40 anos. Assim, um grupo pode ter um número desproporcionalmente maior de pessoas em ocupações de alto nível, que exigem longos anos de experiência, ao passo que o outro pode estar similarmente super-representado em empregos de início de carreira, esportes ou crimes violentos, atividades nas quais os jovens se engajam em níveis desproporcionais.

Tais disparidades de resultado não são necessariamente evidência de viés dos outsiders ou deficiências dos grupos. Um desses fatores ou ambos podem estar presentes ou ausentes, mas isso requer provas empíricas específicas que vão além das diferenças estatísticas brutas de resultado.

Em resumo, condições *anteriores* à chegada do candidato até o empregador podem ter um "impacto desproporcional" nas chances de alguém que pertence a um grupo particular ser contratado ou promovido, mesmo que o empregador julgue cada candidato com base em suas qualificações individuais, sem considerar o grupo a que pertence.

A idade é apenas uma dessas condições preexistentes. Como já dito, crianças de famílias nas quais os pais são profissionais liberais ouvem quase duas vezes mais palavras por hora que crianças de famílias da classe operária, e mais de três vezes o número de palavras por hora ouvidas por crianças de famílias desempregadas.[12]

Podemos acreditar que essas diferenças — e outras —, somadas durante os muitos anos da infância, não produzem diferenças nas habilidades in-

DISCRIMINAÇÃO: SIGNIFICADOS E CUSTOS

dividuais e nos resultados sociais quando essas crianças se tornam adultos em busca de emprego? Todos esses indivíduos poderiam ser similares no momento do nascimento, mas muitas coisas acontecem entre o nascimento e a candidatura a um emprego ou faculdade. E raramente acontecem do mesmo modo para todo mundo. Como vimos, as coisas são diferentes inclusive para crianças nascidas e criadas pela mesma família, variando conforme nasceram antes ou depois.

E não são somente as diferenças de criação que afetam os resultados, mas também as decisões tomadas pelo próprio indivíduo. Quando mais de três quartos de todos os diplomas de ensino superior na área da educação são obtidos por mulheres e mais de três quartos de todos os diplomas de engenharia são obtidos por homens,[13] a predominância estatística de mulheres no ensino e de homens na engenharia não pode ser automaticamente atribuída ao viés dos empregadores.

Mais fundamentalmente, a causa de determinado resultado é uma questão empírica, cuja resposta requer desemaranhar muitos fatores complexos, em vez de simplesmente apontar dramática e indignadamente para as disparidades estatísticas nos resultados, como ocorre frequentemente na política e na mídia.

Custos e seus efeitos

É fácil entender como não ter acesso às oportunidades de ser contratado ou promovido em alguns empregos pode levar alguns grupos a apresentarem rendas mais baixas que outros, e por que isso pode gerar objeções morais não somente daqueles a quem os empregos foram negados, mas também dos que acham tais práticas moralmente repugnantes.

Da perspectiva causal, surgem outras questões quanto às razões de tais práticas. Aqui, o custo de discriminar *para o discriminador* tem papel causal no resultado. Também há um custo para a sociedade em geral.

DISCRIMINAÇÃO E DISPARIDADES

Uma sociedade na qual as mulheres são arbitrariamente banidas de muitos tipos de trabalho pode pagar alto por abrir mão do potencial produtivo de metade de sua população.

Mas a "sociedade" raramente é uma unidade decisória, exceto, talvez, em épocas de eleição e durante levantes das massas. Entender as decisões em geral, ou as decisões empregatícias em particular, requer entender os incentivos e limitações confrontados por decisores particulares em certos tipos de instituição, que não podem simplesmente fazer escolhas sem observar os custos para si mesmos.

Em mercados competitivos de trabalho ou de venda dos produtos do empregador, a validade das crenças por trás das decisões do dono do negócio pode determinar se tal negócio opera com lucro ou prejuízo e se sobrevive ou é forçado a fechar as portas. Em resumo, não podemos simplesmente ir diretamente das atitudes para os resultados — mesmo que as atitudes envolvam racismo ou sexismo —, como se não houvesse fator intermediário ou *custos* para as decisões tomadas em um mercado competitivo. Uma análise sistêmica dos mercados não pode ser realizada como se não houvesse outros fatores envolvidos além das preferências individuais.

Os economistas que reconheceram isso incluem seguidores tanto de Adam Smith quanto de Karl Marx. Esse ponto talvez tenha sido mais bem expresso por Friedrich Engels, coautor de *O manifesto comunista*. Engels disse: "O que cada indivíduo deseja é obstruído por todos os outros, e o que emerge é algo que ninguém desejou."[14] Uma análise da causalidade sistêmica está preocupada com aquilo que emerge.

Adam Smith, o santo patrono do capitalismo de livre mercado, também fez uma análise sistêmica da causalidade. Ele não atribuiu os benefícios da economia capitalista às boas intenções dos capitalistas.[15] Ao contrário, pode-se dizer que sua visão dos capitalistas como indivíduos era ainda mais negativa que a de Karl Marx.[16] Smith e Marx chegaram a conclusões opostas sobre os benefícios ou danos do capitalismo de livre mercado, mas nenhum deles as baseou nas intenções dos capitalistas. Eles basearam suas conclusões em incentivos e limitações sistêmicos da competição econômica.

DISCRIMINAÇÃO: SIGNIFICADOS E CUSTOS

Muitos outros observadores, incluindo alguns acadêmicos, defenderam a ideia de que as intenções automaticamente se traduzem em resultados. Assim, em seu livro *The Declining Significance of Race* [A importância declinante da raça], o sociólogo William Julius Wilson elencou as várias maneiras pelas quais, após a guerra civil, os donos de terras e empregadores brancos do sul buscaram manter baixa a renda de trabalhadores e meeiros negros.[17] Mas não há referência no livro a evidências empíricas sobre como essas intenções se saíram na prática ou, em outras palavras, sobre "aquilo que emergiu", como disse Engels.

Em contraste, o economista Robert Higgs, que pesquisou as consequências reais desses esforços organizados no sul do pós-guerra, descobriu que eles frequentemente fracassaram, como resultado da competição entre empregadores e donos de terras brancos por trabalhadores e meeiros negros.[18] Pode parecer que negros recém-libertados — desesperadamente pobres, frequentemente analfabetos e não familiarizados com o mercado de trabalho para homens livres — seriam presa fácil para os brancos, que se uniram para impor os salários e as condições de partilha que queriam. Mas esperar que tais oportunidades prevaleçam continuamente ignora as pressões inerentes e sistêmicas da economia de mercado.

Na agricultura, especialmente — e o sul era principalmente agrícola na época —, há uma urgência inerente para arar a terra e plantar as sementes na primavera, ou não haverá colheita no outono. Os donos de terras brancos que violaram os termos com os quais outros donos de terras brancos tentavam limitar os benefícios econômicos para os trabalhadores e meeiros negros foram os primeiros a garantir uma força de trabalho suficiente, tanto em quantidade quanto em qualidade, para maximizar a colheita que poderiam obter em determinada faixa de terra.

Os donos de terras brancos que obedeceram às restrições e/ou que trapacearam os trabalhadores e meeiros negros de várias maneiras tiveram de se virar com a quantidade e a qualidade de trabalhadores e meeiros remanescentes, depois que os outros donos de terras já haviam seleciona-

DISCRIMINAÇÃO E DISPARIDADES

do a nata ao pagar salários mais altos e oferecer melhores partilhas para aumentar as próprias perspectivas de colheita rentável.

Não surpreende que os esforços organizados para diminuir o pagamento dos trabalhadores negros e a partilha da colheita dos meeiros negros tenham fracassado sob tais pressões econômicas. "O que emergiu", nesse caso, foi que a renda *per capita* dos negros em 1900 era no mínimo quase 50% maior do que fora em 1867-1868. Isso representa uma taxa de crescimento mais alta que a da economia americana como um todo no mesmo período.[19] Como começaram em um nível econômico muito mais baixo, os negros ainda eram mais pobres que os brancos. Mas os dados do professor Higgs indicam que "a renda dos negros cresceu mais rapidamente que a dos brancos no último terço do século XIX".[20] E cerca de 90% dos negros viviam no sul nessa época.

Os negócios em geral, seja no mercado de trabalho, seja no mercado de produtos, não são como professores votando durante uma reunião do corpo docente, porque os votos raramente têm qualquer custo para os próprios professores, a despeito dos bons ou maus resultados que produzam para os alunos ou para a instituição acadêmica. A diferença está entre decisões que são sujeitas ao feedback consequencial em um mercado competitivo e decisões que são isoladas de tal feedback na academia ou em outros locais.

África do Sul sob apartheid

Para evitar debates intermináveis e inconclusivos sobre a presença ou a magnitude do racismo, podemos testar nossas hipóteses sobre os custos da discriminação em um contexto no qual não há ambiguidade sobre o assunto: a África do Sul durante o apartheid, com um governo de minoria branca eleito sem que a maioria negra tivesse direito a voto e que promovia abertamente a supremacia branca.

DISCRIMINAÇÃO: SIGNIFICADOS E CUSTOS

As leis do apartheid limitavam quantos negros podiam ser empregados em determinadas indústrias e ocupações e os proibia de serem contratados para cargos acima de certos níveis. Mas sul-africanos brancos *em indústrias competitivas* frequentemente contratavam mais negros do que era permitido e para cargos mais altos que os determinados pelas leis.

Uma medida enérgica do governo durante os anos 1970 fez com que centenas de empresas de construção civil fossem multadas por violar as leis. E a indústria da construção civil não foi a única em que as empresas competitivas foram multadas por contratar mais negros, e em posições mais elevadas que as permitidas. Em algumas outras indústrias, os negros até mesmo superavam numericamente os brancos em categorias nas quais era ilegal que fossem contratados.[21]

Não há evidências convincentes de que os empregadores brancos que violavam essas leis tivessem visões raciais diferentes das dos legisladores brancos que as criaram. A diferença era que os empregadores que não contratavam os rentáveis trabalhadores negros pagavam um preço pela Discriminação II, na forma de oportunidades perdidas de ganhar dinheiro, ao passo que os legisladores que criavam as leis que impunham a Discriminação II não pagavam preço nenhum. De fato, os legisladores que não criavam leis assim pagavam um preço político, em uma situação na qual somente brancos podiam votar e os trabalhadores brancos queriam proteção contra a competição dos trabalhadores negros.

Tanto empregadores quanto legisladores defendiam racionalmente seus próprios interesses. Mas os incentivos e as limitações institucionais de um mercado competitivo eram diferentes dos incentivos e das limitações de uma instituição política. E o mercado de trabalho não era o único afetado pelos custos enfrentados pelos discriminadores na África do Sul.

As leis de apartheid proibiam não brancos de viverem em certas áreas destinadas a brancos. E, contudo, muitos não brancos viviam nessas áreas. Entre eles esteve o economista americano negro Walter E. Williams, durante uma estadia de três meses para sua pesquisa.[22] Havia na África do

DISCRIMINAÇÃO E DISPARIDADES

Sul ao menos uma área somente para brancos onde os não brancos eram a maioria dos residentes.[23]

Novamente, os custos são a chave. Os custos para os donos de propriedades em áreas somente para brancos que abriam mão dos benefícios econômicos disponíveis ao não alugarem para não brancos competiam com os custos de desobedecer às leis do apartheid, e os últimos nem sempre prevaleciam.

Embora os racistas, por definição, prefiram a própria raça às outras, os racistas individualmente, assim como as pessoas em geral, tendem a preferir a si mesmos acima de tudo. Foi isso que levou às disseminadas violações das leis do apartheid por empregadores e proprietários brancos em indústrias competitivas na África do Sul. Para um sul-africano branco, não custava nada votar nos candidatos que promoviam a supremacia branca. Mas os custos de não contratar trabalhadores negros que poderiam tornar sua empresa mais lucrativa eram consideráveis. Além disso, os custos de não contratar negros quando outras empresas competindo pelo mesmo mercado os contratavam, levando ao risco de terem preços mais baixos, era uma ameaça à sobrevivência da empresa operando em um mercado competitivo.

Isso não significa que as leis e políticas discriminatórias não têm efeitos. Há custos em desobedecer às leis e custos em segui-las, e os resultados dependem das circunstâncias particulares em determinados locais e épocas.

Os custos da Discriminação II podem ser muito mais baixos, ou mesmo inexistentes, em situações nas quais a competição de livre mercado não existe, como 1) monopólios de serviços públicos em que preços e taxas de lucro são controlados diretamente pelo governo, 2) organizações sem fins lucrativos e, é claro, 3) empregos no governo. Em todas essas situações particulares, a Discriminação II tendeu a ser muito mais comum que nos mercados competitivos, não somente na África do Sul sob apartheid, mas também em outros países do mundo.[24]

50

DISCRIMINAÇÃO: SIGNIFICADOS E CUSTOS

A menos que se acredite que os decisores dessas organizações possuem visões raciais diferentes das dos decisores dos mercados competitivos e que tais diferenças persistem com o tempo, enquanto novas gerações de decisores chegam e se vão, as razões para tais diferenças *institucionais* devem ser buscadas nos incentivos e nas limitações que surgem das diferentes circunstâncias que cercam tais instituições.

Incentivos e limitações institucionais

Uma das principais lutas do movimento de direitos civis nos Estados Unidos de meados do século XX era a campanha contra as leis, na maioria dos estados sulistas, que exigiam que passageiros negros sentassem ou ficassem em pé somente na parte de trás dos ônibus, com os assentos da frente sendo reservados aos brancos. Embora muitas pessoas em ambos os lados da luta acreditassem que essas leis existiam desde tempos imemoriais, isso não era verdade. E sua história ilustra novamente os diferentes papéis de incentivos e limitações econômicos *versus* incentivos e limitações políticos.

Três décadas após o fim da escravidão, perto do término do século XIX, as leis que exigiam assentos racialmente segregados em veículos municipais *começaram* a ser aprovadas em muitas comunidades sulistas. A situação política mudara em relação ao período imediatamente depois da Guerra Civil, quando tropas americanas haviam sido estacionadas nos estados sulistas e os governos estavam sujeitos a políticas federais que davam aos negros o direito de votar, durante o que foi chamado de era da Reconstrução.

Com o fim da Reconstrução e o retorno do governo autônomo, os negros foram perdendo o direito ao voto, por meio de métodos que iam desde leis até o terrorismo organizado. Os assentos racialmente segregados em veículos municipais foram apenas uma das consequências políticas. Antes de essas leis serem aprovadas, era comum que negros e brancos sentassem onde queriam nos veículos públicos de transporte.

DISCRIMINAÇÃO E DISPARIDADES

Muitas, se não a maioria, das companhias de ônibus e bondes da época eram privadas, e seu lucro dependia de quantas pessoas, negras ou brancas, escolhiam viajar em seus veículos.

Os decisores dessas companhias privadas entendiam que podiam perder dinheiro ao ofender os usuários negros, fazendo com que se sentassem no fundo ou ficassem em pé quando todos os assentos do fundo estivessem tomados, mesmo que ainda houvesse assentos vagos na seção frontal, reservada aos brancos. De fato, assentos racialmente segregados podiam ofender até mesmo alguns brancos, quando todos os assentos da seção branca estivessem tomados, mas houvesse assentos vagos na seção separada para os negros.

Em resumo, os assentos racialmente segregados em veículos municipais foram vistos, por aqueles que possuíam ou gerenciavam tais companhias, como algo que reduzia os lucros. Sem surpresa, as companhias sulistas de trânsito municipal lutaram contra a aprovação das leis que exigiam assentos racialmente segregados em ônibus e bondes. Depois de perder politicamente nas legislaturas, elas levaram a questão aos tribunais, onde perderam novamente. E, depois que as leis entraram em vigor, várias dessas companhias simplesmente nada fizeram para impor os assentos racialmente segregados. Em muitos lugares, passageiros negros e brancos continuaram a se sentar onde bem queriam.[25]

Finalmente, contudo, as autoridades governamentais encurtaram as rédeas. Elas começaram a multar os funcionários das companhias de trânsito municipal que não impunham assentos racialmente segregados e, em alguns casos, os proprietários foram ameaçados com processos judiciais. Foi somente então que leis que, em alguns casos, haviam sido aprovadas anos antes realmente passaram a ser obedecidas.[26]

As ferrovias também foram afetadas economicamente pelas leis de segregação racial. Quando negros e brancos tiveram de viajar em vagões separados, isso impôs o considerável custo de comprar vagões adicionais para os trens de passageiros, assim como custos com combustível para mover trens agora mais pesados.

DISCRIMINAÇÃO: SIGNIFICADOS E CUSTOS

E isso era especialmente custoso quando não havia passageiros suficientes para lotar um vagão. Se o número de passageiros negros e brancos correspondesse a somente dois terços de um vagão, as leis de segregação racial poderiam criar uma situação em que dois vagões seriam exigidos, cada um com somente um terço dos assentos ocupados.

Como as companhias de trânsito municipal, os administradores de ferrovias se opuseram às leis de segregação racial, em nome de seus interesses, mesmo que suas visões raciais não fossem diferentes das dos políticos que as aprovaram. Mas os incentivos aos quais os políticos respondiam eram votos — votos de brancos —, ao passo que os incentivos aos quais os proprietários e administradores de ferrovias respondiam eram financeiros, e o dinheiro era o mesmo, qualquer que fosse sua fonte racial.

O famoso caso da Suprema Corte *Plessy v. Ferguson*, de 1896, surgiu da cooperação entre as ferrovias e Homer Plessy, que desafiava as leis de segregação racial, para criar um caso-teste.

Ainda que Plessy fosse parte da comunidade negra, geneticamente era muito mais caucasiano que africano e fisicamente indistinguível dos homens brancos. Se ele entrasse em um trem e seguisse até seu destino, havia pouca probabilidade de que fosse questionado por estar sentado no vagão destinado aos brancos. Mas os advogados da ferrovia e os advogados de Plessy cooperaram para conseguir um confronto legal, a fim de que houvesse um caso para levar aos tribunais.[27] Infelizmente para ambos e para a causa da igualdade de direitos em geral, a maioria da Suprema Corte decidiu contra eles.

Não há resultado predestinado para o conflito entre forças econômicas e políticas. O importante é reconhecer as implicações desse conflito ao criar ou modificar leis e políticas.

E não é somente nas instituições políticas que os decisores são poupados de pagar os custos da Discriminação II, mas também em algumas instituições econômicas.

DISCRIMINAÇÃO E DISPARIDADES

Monopólios de serviços públicos, cujos preços e taxas de lucros são diretamente controlados pelas agências regulatórias do governo, estão entre as instituições que não precisam pagar os custos econômicos que um mercado competitivo impõe ao comportamento discriminatório, seja ele dirigido contra minorias étnicas, mulheres ou outros.

Embora se engajar em Discriminação II ao contratar funcionários possa significar lucros menores para uma empresa operando em mercados competitivos, uma prestadora de serviços públicos regulamentada pelo governo e que tem o monopólio de seu mercado não poderia, de qualquer modo, obter uma taxa de lucro maior que a considerada adequada pela agência governamental. Assim, não estaria abrindo mão de nenhum lucro adicional se contratasse sem levar em conta os grupos aos quais os candidatos pertencem.

A Discriminação II pode requerer que a companhia regulamentada de serviços públicos arque com custos adicionais em função de precisar oferecer salários mais altos para atrair uma quantidade maior de candidatos qualificados, dos quais somente os que pertencem aos grupos preferidos pelos decisores serão contratados.* Mas, para um monopólio regulamentado pelo governo, tais custos podem ser repassados para os consumidores, que não têm escolha senão pagar por eles.

A história da indústria telefônica, na época em que telefone significava linha fixa e as maiores companhias dos Estados Unidos eram subsidiárias da American Telephone and Telegraph Company (AT&T), ilustra esse padrão.

---

* Um estudo de empregabilidade nos monopólios de serviços públicos regulamentados pelo governo, na época em que isso incluía todas as companhias telefônicas, indicou que baixo esforço de recrutamento era necessário para preencher as vagas porque, nas grandes cidades, "os candidatos frequentemente são milhares para algumas centenas de vagas". Bernard E. Anderson, *Negro Employment in Public Utilities: A Study of Racial Policies in the Electric Power, Gas, and Telephone Industries* (Filadélfia: Unidade de Pesquisas Industriais, Escola Wharton de Finanças e Comércio, Universidade da Pensilvânia, 1970), p. 157. Salários e benefícios generosos também permitiam que tais companhias escolhessem a dedo, em meio à ampla variedade de candidatos, os tipos de personalidade e outras características que criariam uma força de trabalho mais harmônica e fácil de gerenciar.

DISCRIMINAÇÃO: SIGNIFICADOS E CUSTOS

Em 1930, havia somente 331 mulheres negras trabalhando como operadoras em todo o país, de um total de 230 mil mulheres nessa ocupação. Em 1950, mulheres negras ainda representavam somente 1% de todas as mulheres trabalhando para companhias telefônicas.[28]

No entanto, depois da a criação das leis de "práticas justas de emprego" em alguns estados do norte nos anos 1950, e de leis e políticas federais de direitos civis nos anos 1960, muitas companhias telefônicas inverteram suas políticas e negros começaram a ser contratados de maneira desproporcional.

Antes de 1960, todavia, as leis estaduais de "práticas justas de emprego" não existiam no sul. Embora, segundo uma amostra nacional de empregos na indústria telefônica, a contratação de operadores negros tenha crescido mais de três vezes entre 1950 e 1960,[29] foi somente em 1964 que o primeiro operador negro foi contratado por companhias em locais como Nova Orleans, Carolina do Sul ou Flórida.[30]

Entretanto, dados de uma amostra *nacional* de companhias telefônicas revelaram que os negros respondiam por um terço do crescimento total do número de funcionários entre 1966 e 1968, uma tendência que começara nos anos 1950 e se concentrara principalmente nas companhias do nordeste e do meio-oeste do país.[31] Mas, no sul, durante os anos 1950, em todos os onze estados que já haviam formado os Estados Confederados da América, a participação de negros entre os funcionários de sexo masculino das companhias de telecomunicações *diminuiu*.[32]

Como todas essas companhias pertenciam e eram controladas pela AT&T, tais nítidas disparidades regionais nas políticas de companhias individuais eram muito mais consistentes com diferenças regionais entre os governos estaduais do sul e do norte que as regulavam do que com políticas impostas pela administração nacional.

O que se mantinha consistente em todas as regiões era o fato de que os custos adicionais do tratamento preferencial ou discriminatório de candidatos negros podiam ser repassados aos consumidores, que não tinham escolha senão pagar por eles, dado que só havia linhas fixas na época e cada companhia tinha o monopólio de sua área.

DISCRIMINAÇÃO E DISPARIDADES

Acontecia praticamente o mesmo com as companhias de petróleo e gás, também regulamentadas pelo governo através de agências estaduais, nas quais a contratação cada vez maior de negros ficou confinada aos estados não sulistas.[33] Essas companhias também não arcavam com nenhum custo por discriminar negros ou contratá-los de modo preferencial. O mesmo era verdade para os decisores em organizações sem fins lucrativos ou para os burocratas encarregados das políticas de contratação do governo.

Incentivos similares produziram resultados similares em organizações sem fins lucrativos como instituições acadêmicas, hospitais e fundações, e resultados diferentes em empreendimentos baseados no lucro operando em mercados competitivos. Assim como os decisores das companhias públicas regulamentadas, aqueles nas organizações sem fins lucrativos eram capazes de acompanhar quaisquer que fossem as opiniões e pressões prevalentes na época, sem se preocupar com os custos gerados pela Discriminação II contra as minorias.

Nesse contexto, não surpreende que a discriminação empregatícia contra negros e judeus fosse especialmente disseminada entre faculdades, universidades, hospitais e fundações até o fim da Segunda Guerra Mundial, quando surgiu a repulsa pelo racismo nazista. Antes que isso acontecesse, havia trezentos químicos negros realizando pesquisas em companhias privadas, mas somente três Ph.D.s de qualquer campo empregados por universidades brancas.[34]

Judeus raramente eram encontrados em faculdades e universidades americanas antes da Segunda Guerra Mundial. Embora Milton Friedman tivesse conseguido um cargo acadêmico temporário anteriormente à guerra, ele durou apenas um ano, a despeito dos grandes elogios a seu trabalho feitos por estudantes e colegas, e Friedman passou os anos da guerra trabalhando como estatístico, antes de se tornar professor de economia na Universidade de Chicago, após a guerra.[35]

DISCRIMINAÇÃO: SIGNIFICADOS E CUSTOS

Mais ou menos na mesma época, a Universidade de Chicago contratou seu primeiro professor negro com estabilidade.[36] Mas só foi excepcional por fazer coisas desse tipo *antes* da maioria do restante do mundo acadêmico.*

Décadas mais tarde, depois de o clima político mudar consideravelmente, faculdades e universidades se engajaram na contratação preferencial de professores negros e na admissão preferencial de estudantes negros — novamente, sem que os decisores acadêmicos pagassem qualquer preço por suas decisões, assim como anteriormente não haviam pagado qualquer preço pelas políticas contrárias. A "ação afirmativa" foi adotada mais cedo e mais amplamente na academia que nas indústrias privadas operando em mercados competitivos.

Tudo isso aconteceu rápido demais para que inversões de política tão abrangentes nas organizações sem fins lucrativos se devessem à mudança dos decisores. Em muitos casos, se não na maioria, os mesmos decisores que haviam discriminado negros passaram a instituir políticas preferenciais para eles. Em nenhum dos casos a política se deveu necessariamente a crenças, preconceitos ou valores pessoais, nem a mudança ocorreu necessariamente graças a conversões pessoais do tipo "estrada de Damasco" entre inumeráveis decisores ao mesmo tempo.

CONSEQUÊNCIAS INVOLUNTÁRIAS

Além daquelas diretamente relacionadas à Discriminação II, outras leis e políticas com objetivos muito diferentes também podem mudar a quantidade e o impacto das consequências adversas para grupos definidos por raça, sexo ou outras características. Em resumo, consequências involun-

---

* Como nota pessoal, a primeira vez que encontrei um professor branco em uma universidade branca com uma secretária negra foi Milton Friedman na Universidade de Chicago, em 1960, quatro anos antes da Lei de Direitos Civis de 1964.

tárias podem afetar resultados tão prontamente quanto consequências pretendidas, e às vezes até mais. As leis de salário mínimo e de restrição à construção são dois exemplos.

Leis de salário mínimo

Embora as leis de salário mínimo nos Estados Unidos se apliquem independentemente da raça, isso não significa que seu impacto é o mesmo sobre negros e brancos. Quando os níveis de remuneração são determinados não pela oferta e demanda em um mercado livre, mas por leis de salário mínimo, isso pode afetar o custo da Discriminação II para o discriminador.

Um índice salarial acima de onde estaria pela lei de oferta e demanda em um mercado livremente competitivo tende a ter ao menos duas consequências: 1) aumento do número de candidatos devido à remuneração mais alta e 2) diminuição do número de contratados devido ao custo mais alto do trabalho. Nessa situação, o resultante excedente crônico de candidatos qualificados reduz o custo de recusar candidatos de grupos particulares, desde que o número de candidatos recusados não seja maior que o número de candidatos excedentes.

Quando, por exemplo, os candidatos negros que são recusados podem facilmente ser substituídos por candidatos brancos que, de outra maneira, seriam excedentes, isso reduz o custo de Discriminação II para o empregador a praticamente zero. De acordo com os princípios econômicos mais básicos, tal situação torna a discriminação, racial ou de outra natureza, muito mais acessível, e consequentemente mais sustentável, para os empregadores que uma situação na qual os salários são determinados pela oferta e demanda em um mercado livre e competitivo.

No último caso, quando oferta e demanda não deixam excedente crônico ou escassez crônica de mão de obra, os candidatos negros que foram recusados precisam ser substituídos atraindo-se candidatos *adicionais* de

DISCRIMINAÇÃO: SIGNIFICADOS E CUSTOS

outros grupos com salários mais altos do que aqueles que seriam determinados pela oferta e demanda em um mercado livremente competitivo e não discriminatório. Em outras palavras, a Discriminação II tem custos em um mercado livre, e esses custos são mais altos do que quando leis de salário mínimo criam um excedente crônico de candidatos.

As evidências empíricas são consistentes com essa hipótese. A lei nacional de salário mínimo em vigor nos Estados Unidos é a Lei de Padrões Justos de Trabalho de 1938. No entanto, as altas taxas de inflação a partir dos anos 1940 colocaram praticamente todas as remunerações em dinheiro acima do nível especificado pela lei, de modo que, para todos os propósitos práticos, já não havia salário mínimo em vigor uma década depois de sua aprovação. Como afirmou o economista George J. Stigler em 1946, "As disposições de salário mínimo da Lei de Padrões Justos de Trabalho de 1938 foram repelidas pela inflação."[37]

Em 1948, durante esse período sem uma lei de salário mínimo efetivamente em vigor, as taxas de desemprego entre jovens negros e brancos eram apenas uma fração do que seriam anos depois, quando o salário mínimo começou a ser elevado nos anos 1950 para alcançar e então acompanhar a inflação.

Mas o fato particularmente notável é que não havia diferença significativa nas taxas de desemprego entre jovens em 1948. A taxa de desemprego entre jovens negros do sexo masculino com idades entre 16 e 17 anos era de 9,4%. Para suas contrapartes brancas, era de 10,2%. Para jovens entre 18 e 19 anos, a taxa era de 9,4% para brancos e 10,5% para negros. Em resumo, não havia diferença racial significativa nas taxas de desemprego entre jovens do sexo masculino em 1948,[38] quando não havia salário mínimo realmente em vigor.

Depois que a efetividade da lei foi restaurada por consecutivos aumentos do salário mínimo, não somente as taxas de desemprego entre jovens como um todo aumentou em relação a 1948, como as taxas de desemprego entre jovens negros se tornaram muito mais altas que entre jovens brancos, geralmente ao menos duas vezes mais altas na maioria dos anos entre 1967 e o século XXI.[39]

As taxas de participação na força de trabalho contam história semelhante. Em 1955, elas eram praticamente as mesmas entre jovens negros e brancos com idades entre 16 e 17 anos. Negros entre 18 e 19 anos tinham uma participação ligeiramente mais alta que brancos, o mesmo sendo verdade para aqueles entre 20 e 24 anos. Mas esse padrão mudou drasticamente quando, nos anos seguintes, o salário mínimo foi elevado.

Em meados de 1950, as taxas de participação na força de trabalho de jovens negros entre 16 e 17 anos começaram a ficar abaixo das de suas contrapartes brancas, e essa distância cresceu nas décadas seguintes. Para jovens entre 18 e 19 anos, a inversão racial ocorreu uma década mais tarde, em meados dos anos 1960. Para jovens entre 20 e 24 anos, no início da década de 1970.

A *magnitude* da diferença nas taxas de participação na força de trabalho depois da inversão racial seguiu o mesmo padrão, sendo maior para jovens do sexo masculino entre 16 e 17 anos, menor entre 18 e 19 anos e ainda menor entre 20 e 24 anos.[40]

Esses padrões lançam luz adicional sobre as diferenças raciais na empregabilidade. Se a razão primária para a diferença racial nas taxas de participação na força de trabalho fosse o racismo, não haveria motivo para tais inversões, especialmente em anos diversos e com diferentes magnitudes para diferentes grupos etários.

Pessoas que são negras aos 16 anos permanecem negras quando envelhecem, e não haveria por que os racistas alterarem seu modo de tratá-las conforme envelhecessem. Mas, se a real razão para esses padrões for que a experiência e as habilidades dos trabalhadores negros mais jovens os deixam em menor demanda que os trabalhadores negros mais velhos, com mais experiência e/ou habilidades, então um salário mínimo em ascensão retiraria empregos dos jovens negros primeiro e em maior extensão.

DISCRIMINAÇÃO: SIGNIFICADOS E CUSTOS

Infelizmente, quando as leis de salário mínimo reduzem as perspectivas de emprego de jovens negros inexperientes e sem habilidades, isso reduz sua participação na força de trabalho e, consequentemente, sua aquisição de experiência e habilidades profissionais. Qualquer que seja o grau de racismo, ele não pode explicar as diferenças de empregabilidade entre jovens negros, que não mudam de raça quando envelhecem.

Esse padrão de praticamente nenhuma diferença nas taxas de desemprego entre jovens negros e brancos quando os salários eram determinados pela oferta e procura em um mercado livre, mas com grandes e persistentes diferenças raciais quando as leis de salário mínimo voltaram a ser efetivas também se adequa ao princípio econômico de que o excedente crônico de candidatos reduz o custo de discriminação para o empregador.

O padrão estabelece correlação entre os níveis crescentes do salário mínimo e as mudanças nas diferenças raciais de desemprego entre jovens. Se isso não prova causalidade de modo conclusivo, ao menos estabelece uma coincidência notavelmente persistente.

As explicações alternativas para as mudanças de padrão nas diferenças raciais — como racismo, pobreza ou educação inferior entre os negros — nem sequer podem estabelecer correlação com as mudanças de empregabilidade durante os anos, porque todas essas coisas eram *piores* na primeira metade do século XX, quando a taxa de desemprego entre jovens negros era muito mais baixa e não apresentava nenhuma diferença significativa em relação a taxa de desemprego entre jovens brancos.

Restrições à construção

Severas restrições à construção de casas e outras estruturas varreram várias partes dos Estados Unidos durante os anos 1970, a fim de "preservar os espaços abertos", "salvar as terras aráveis", "proteger o meio ambiente", em nome da "preservação histórica" e outros slogans politicamente atraentes.

DISCRIMINAÇÃO E DISPARIDADES

Mas, como quer que fossem caracterizadas, o que tais leis e políticas fizeram na prática foi proibir, ou reduzir drasticamente, a construção de casas e outras estruturas. O litoral da Califórnia, incluindo toda a península de São Francisco a São José, foi uma das maiores regiões nas quais prevaleceram severas leis e políticas de restrição à construção.

O efeito previsível de restringir a construção de casas com uma população em crescimento foi o aumento do preço, uma vez que a oferta de moradias não tinha permissão para aumentar juntamente com a demanda. Os valores do mercado imobiliário na Califórnia eram muito similares aos do restante do país antes que a onda de restrições varresse as regiões litorâneas do estado nos anos 1970. Depois dela, os preços na área da baía de São Francisco subiram para mais de três vezes a média nacional.[41]

Em Palo Alto, adjacente à Universidade de Stanford, os valores das casas quase quadruplicaram durante a década de 1970, e não porque casas mais caras estavam sendo construídas – *nenhuma* casa foi construída em Palo Alto durante essa década. O preço das casas existentes simplesmente disparou.[42] No início do século XXI, as dez primeiras áreas dos Estados Unidos com os maiores aumentos de valores residenciais nos cinco anos anteriores ficavam todas na Califórnia.[43]

O impacto racial das restrições sobre a construção foi mais pronunciado que muitas restrições explicitamente raciais. Em 2005, a população negra de São Francisco estava reduzida a menos da metade do que fora em 1970, embora a população total da cidade estivesse em crescimento.[44] Em um período ainda mais curto, entre os censos de 1990 e 2000, três outros condados da Califórnia — Los Angeles, San Mateo e Alameda — sofreram um declínio da população negra de mais de 10 mil pessoas cada, a despeito dos aumentos da população geral em todos os três.[45]

Em contraste, o Harlem era uma comunidade predominantemente branca em 1910 e havia esforços organizados e abertamente proclamados de proprietários e corretores para evitar que negros se mudassem para lá.[46] Mas, assim como os esforços para diminuir os ganhos dos negros do sul no

DISCRIMINAÇÃO: SIGNIFICADOS E CUSTOS

pós-guerra, sua mera presença não é evidência ou prova de que atingiram seus objetivos. Chamar tais esforços explicitamente racistas no Harlem de malsucedidos seria um eufemismo.

Os proprietários e corretores brancos do Harlem que se recusaram a alugar para negros enquanto outros o faziam perderam locatários brancos, que saíram do bairro quando os negros chegaram e deixaram os edifícios somente para brancos com muitos apartamentos vazios, o que representava aluguéis perdidos.[47] Nessas condições, o colapso dos esforços organizados para manter os negros de fora não é surpreendente.

Tais consequências econômicas não inibiram os residentes e representantes eleitos que restringiram a construção imobiliária em São Francisco e em outras comunidades litorâneas da Califórnia através de processos políticos, elevando o valor de casas e aluguéis para níveis que muitos negros não podiam pagar. Ao contrário, elas *aumentaram* o valor de mercado das casas existentes e permitiram que aluguéis mais altos fossem cobrados pelos proprietários em um mercado com severa escassez de moradias.

Atitudes e crenças, por mais fortemente mantidas ou sonoramente proclamadas, não se traduzem automaticamente em resultados — naquilo "que emerge" —, especialmente quando há custos a serem pagos pelos próprios discriminadores.

Pode ser que as atitudes e crenças raciais dos proprietários e corretores brancos do Harlem no início do século XX fossem mais hostis em relação aos negros que as atitudes e crenças dos residentes e políticos brancos de São Francisco e outras áreas litorâneas da Califórnia no fim do mesmo século. Mas, em termos de resultados finais, as ações dos primeiros falharam em manter os negros fora do Harlem, ao passo que as ações dos últimos expulsaram de São Francisco metade dos negros que já viviam na cidade. Os custos importam.

3.

Classificando e desclassificando pessoas

Muitas evidências empíricas sugerem que os seres humanos não interagem aleatoriamente — nem tão frequente ou intensamente — com todos os outros seres humanos, mas sim com subconjuntos selecionados de pessoas parecidas com eles mesmos. Em resumo, as pessoas classificam a si mesmas, em termos tanto de onde escolhem viver quanto de com quem escolhem interagir mais frequente e proximamente. Vale a pena examinar algumas dessas evidências empíricas de autoclassificação antes de considerarmos as consequências da classificação ou desclassificação feita por terceiros. O ponto crucial é que, quando as pessoas classificam espontaneamente a si mesmas, os resultados raramente são uniformes ou aleatórios, e frequentemente são bastante assimétricos.

DISCRIMINAÇÃO E DISPARIDADES

CLASSIFICAÇÃO E DESCLASSIFICAÇÃO RESIDENCIAL

O local onde as pessoas vivem tem sido decidido, em vários lugares e épocas, por elas mesmas ou por terceiros que lhes impõem restrições. Tais restrições são impostas por meio de uma variedade de mecanismos institucionais, como leis e políticas governamentais e métodos privados formais e informais que vão de acordos restritivos e associações de moradores à violência direta contra indivíduos ou grupos que buscam morar em locais nos quais não são bem-vindos.

Autoclassificação residencial e social

As pessoas raramente imigraram uniforme ou aleatoriamente de seus países de origem. Nem se estabeleceram uniforme ou aleatoriamente nos países a que chegaram. Em meados do século XIX, por exemplo, duas províncias contendo 6% da população espanhola forneceram 67% dos imigrantes espanhóis para a Argentina. Além disso, esses imigrantes tenderam a se agrupar em vizinhanças específicas de Buenos Aires.[1]

Padrões similarmente assimétricos de assentamento têm sido comuns em todo o mundo entre outros imigrantes se movendo do país de origem para o país de destino. Durante a era da emigração em massa da Itália, por exemplo, imigrantes italianos na Austrália, no Brasil, no Canadá, na Argentina e nos Estados Unidos não apenas tenderam a se agrupar em bairros predominantemente italianos como, no interior desses bairros, pessoas de Gênova, Nápoles ou Sicília se agruparam com pessoas dos mesmos locais na Itália.[2]

Durante a mesma era, a imigração massiva de judeus da Europa Oriental para os Estados Unidos se concentrou no Lower East Side de Nova York. Mas, no interior dessa vizinhança judaica, os judeus húngaros se agruparam em seus enclaves, assim como os judeus da Romênia, da Rússia e de outros lugares da Europa Oriental.

66

CLASSIFICANDO E DESCLASSIFICANDO PESSOAS

Os judeus alemães, que há décadas viviam no próprio enclave no Lower East Side, começaram a abandonar a vizinhança ao ascender socioeconomicamente e passaram a habitar cada vez mais outros lugares de Nova York, conforme os judeus da Europa Oriental chegavam. Tal separação espacial e social entre judeus alemães e judeus da Europa Oriental era comum, tanto em Nova York[3] quanto em Chicago.[4]

Imigrantes libaneses para Serra Leoa, na África, e para a Colômbia, na América do Sul, estabeleceram-se em enclaves com pessoas das mesmas partes do Líbano e da mesma religião, com católicos se instalando separadamente dos enclaves de libaneses cristãos ortodoxos ou muçulmanos xiitas.[5]

Imigrantes alemães que no século XIX se estabeleceram em Nova York não apenas foram morar em uma área de Manhattan chamada *Kleindeutschland* (pequena Alemanha) como, no interior dela, hessianos moravam de um lado e prussianos do outro.[6]

As pessoas tendem a se classificar não apenas em seus padrões residenciais, mas também em suas interações sociais. Imigrantes japoneses do século XX para o Brasil não apenas se estabeleceram em enclaves japoneses como a maioria dos imigrantes de Okinawa se casou com outros imigrantes de Okinawa, em vez de com japoneses de outras partes do Japão e menos ainda com brasileiros.[7]

Deu-se praticamente o mesmo no século XIX, quando imigrantes alemães chegaram a Nova York. Bávaros se casavam com bávaros e a maioria dos prussianos se casava com prussianos. Entre os imigrantes irlandeses, a maioria dos casamentos do século XIX que ocorreram em Nova York foi entre pessoas do mesmo condado na Irlanda.[8]

Na cidade australiana de Griffith, entre 1920 e 1933, 90% dos homens italianos que haviam emigrado de Veneza e se casado na Austrália casaram-se com mulheres italianas que também haviam emigrado de Veneza. Outros 5% se casaram com mulheres de outras partes da Itália e a mesma porcentagem se casou com mulheres "anglo-australianas".[9]

Por mais impactantes que esses padrões possam ser em termos estatísticos, a maioria das pessoas não os detecta a olho nu, como no caso das diferenças entre localidades negras e brancas nos Estados Unidos. Como

DISCRIMINAÇÃO E DISPARIDADES

resultado, separações residenciais entre negros e brancos têm sido tratadas como se fossem únicas, além de serem inconsistentes com as presunções prevalentes de resultados uniformes ou aleatórias na ausência de imposições discriminatórias.

A história mostra que de fato houve imposições discriminatórias de padrões residenciais, em várias épocas, não somente aos negros nos Estados Unidos, mas também a muitos outros grupos em países ao redor do mundo. Elas incluem os guetos judeus em grande parte da Europa em séculos passados. Mas isso não significa que *todas* as classificações residenciais e sociais são impostas externamente ou precisam ser erradicadas externamente.

A classificação tem sido tão comum *no interior* das vizinhanças negras quanto no interior de outras vizinhanças em todo o mundo. Nos anos 1930, a pesquisa do eminente acadêmico negro E. Franklin Frazier mostrou claros padrões de agrupamento residencial entre pessoas com diferentes modos de vida no interior da comunidade negra em Chicago.

Depois de dividir a comunidade em sete zonas, o professor Frazier demonstrou empiricamente que a proporção de adultos e crianças variava amplamente de uma para outra, assim como a de homens e mulheres, e a porcentagem de mulatos era várias vezes mais alta em uma zona que em outra.[10]

Além disso, essas não eram simples diferenças isoladas. Elas refletiam níveis socioeconômicos distintos e diferenças na estabilidade familiar e nos padrões de comportamento. As taxas de delinquência no interior da comunidade negra de Chicago iam de mais de 40% em algumas vizinhanças para menos de 2% em outras.[11]

Na Detroit do século XIX, os proprietários negros viviam separados dos inquilinos negros.[12] Uma diferenciação residencial similar ocorreu na comunidade negra de Cleveland.[13] Uma história do Harlem indicou diferenças ocupacionais entre pessoas que voltavam do trabalho para casa e desembarcavam em diferentes estações de metrô.[14]

CLASSIFICANDO E DESCLASSIFICANDO PESSOAS

Dados de meados do século XX mostraram que a distribuição de renda entre negros no país como um todo era ligeiramente mais desigual que entre brancos.[15] O mesmo se deu com dados posteriores.[16] Um estudo de 1966 indicou que, entre as mais de 4 milhões de famílias americanas negras do período, apenas 5,2 *mil* produziram todos os médicos, dentistas, advogados e doutores acadêmicos negros do país.[17] A despeito de quão excepcionais eram tais ocupações e realizações entre os negros naquela época, essas famílias em particular tinham em média 2,5 indivíduos nessas categorias.[18] Ou seja, cada quatro famílias tinham em média nove indivíduos nesses níveis.

A consciência de tais diferenças sociais era tanto disseminada quanto frequentemente aguda entre a população negra.[19] Há toda uma literatura sobre as exclusivas elites negras, incluindo livros como *Aristocrats of Color* [Aristocratas de cor], de Willard B. Gatewood, *Our Kind of People* [Nosso tipo de gente], de Lawrence Otis Graham, e *Certain People* [Certas pessoas], de Stephen Birmingham.

Vizinhanças particularmente elegantes no Harlem de meados do século XX eram conhecidas como "Striver's Row" [Ala dos Trabalhadores] e "Sugar Hill" [Colina do Açúcar]. Um luxuoso edifício no número 409 da avenida Edgecombe era tão amplamente conhecido como residência da elite negra que se dizia que bastava entrar em um táxi no Harlem e dizer "409" que o motorista saberia para onde levá-lo.[20]

Padrões similares existiam em Chicago. No século XIX, já havia uma pequena comunidade negra em Chicago, antes que as grandes migrações de negros sulistas do século XX levassem ao crescimento de sete vezes no número de negros na cidade. Com o tempo, esses negros nascidos e criados na Chicago do século XIX que viviam em pequenos enclaves em meio a uma população predominantemente branca haviam assimilado culturalmente as normas da sociedade circundante, como fizeram outros grupos em circunstâncias semelhantes.

As massivas migrações de negros sulistas para Chicago no século XX criaram aguda polarização no interior da comunidade negra.[21] O *Chicago Defender*, um jornal negro, mostrou-se altamente crítico em relação aos

DISCRIMINAÇÃO E DISPARIDADES

recém-chegados, por comportamentos que davam má fama aos negros em geral. O mesmo fizeram outros membros da comunidade negra preexistente em Chicago e outras cidades do norte, nas quais os residentes negros já estabelecidos e a mídia negra local caracterizaram os recém-chegados do sul como vulgares, desordeiros, sujos e criminosos.[22]

Como outros jornais negros de comunidades nortistas, o *Chicago Defender* publicou muitas admoestações aos negros sulistas que chegavam a Chicago, incluindo "Não use linguagem vil em locais públicos", "Não participe de brigas de rua", "Não auxilie infratores da lei, sejam homens, mulheres ou crianças" e "Não abuse ou viole a confiança daqueles que lhe dão emprego".[23]

Como em outros grupos raciais ou étnicos em outros lugares e épocas, os negros nessas comunidades nortistas temiam que a chegada de membros menos familiarizados com os padrões culturais locais provocasse reações negativas na sociedade mais ampla, reações que não somente colocariam em risco o progresso de sua raça como poderiam causar retrocessos, caso a sociedade se voltasse contra os negros em geral.[24]

Esses medos em relação a como os negros recém-chegados se comportariam e como a população branca local reagiria aos negros em geral tinham fundamento. Um estudo feito no início do século XX na Pensilvânia, por exemplo, mostrou que a taxa de crimes violentos entre os migrantes negros vindos do sul era quase cinco vezes maior que entre os negros nascidos na Pensilvânia.[25] O sul há muito era a região mais violenta do país, tanto entre negros quanto entre brancos.[26]

Houve reações negativas por parte dos nortistas brancos, como temido, e elas afetaram os negros de várias formas. Algumas comunidades nas quais crianças negras há muito frequentavam as mesmas escolas que as brancas começaram a impor segregação racial.[27] Em Washington, os negros já não eram admitidos em vários teatros, restaurantes e hotéis e suas oportunidades de trabalhar em cargos administrativos diminuíram.[28] Houve tendências similares em Cleveland e Chicago,[29] entre outras cidades. A Faculdade Oberlin e a Universidade de Harvard, nas quais estudantes negros

CLASSIFICANDO E DESCLASSIFICANDO PESSOAS

moravam com estudantes brancos, passaram a excluir os estudantes negros de seus dormitórios.[30]

Enquanto esses retrocessos se impunham nas cidades nortistas, organizações civis negras como a Liga Urbana tentavam fazer com que os recém-chegados assimilassem as normas de comportamento existentes, assim como as organizações civis e religiosas de irlandeses e judeus haviam feito no passado, a fim de que os imigrantes assimilassem os padrões culturais americanos.

A conclusão de que os retrocessos disseminados nas oportunidades raciais para negros nas cidades nortistas do início do século XX foram resultado da migração massiva de negros sulistas menos aculturados é reforçada pela história da migração em massa de negros sulistas para a costa do Pacífico, décadas depois.

Nos anos 1940, durante a Segunda Guerra Mundial, as indústrias que produziam equipamentos e suprimentos militares na costa do Pacífico atraíram grande número de brancos e negros do sul. O grande estaleiro de Henry Kaiser em Richmond, Califórnia, empregava sozinho mais de 90 mil pessoas,[31] e havia indústrias de guerra similares em outras comunidades da costa oeste.

Como nas cidades nortistas do século XIX, os negros eram uma porcentagem muito pequena da população da costa do Pacífico antes das migrações em massa e estavam muito mais familiarizados às normas comportamentais da sociedade circundante que os negros sulistas recém--chegados. Antes de 1940, a discriminação racial na costa do Pacífico não ocorria na mesma escala que no sul ou nas cidades nortistas após as grandes migrações. Em São Francisco, crianças negras frequentavam escolas sem segregação racial e a pequena comunidade negra vivia em vizinhanças com brancos, chineses e outras raças.[32]

As grandes migrações de negros sulistas que chegaram às cidades do nordeste e do meio-oeste mais ou menos na época da Primeira Guerra Mundial chegaram à costa do Pacífico décadas depois, durante a Segunda

DISCRIMINAÇÃO E DISPARIDADES

Guerra Mundial. Na década de 1940, mais de quatro quintos dos negros que chegaram aos estaleiros da área da baía de São Francisco provinham do sul, geralmente do menos educado sul profundo.[33]

Os recém-chegados eram esmagadoramente mais numerosos que a população negra existente. Em Richmond, por exemplo, havia somente 270 residentes negros em 1940, mas as indústrias Kaiser trouxeram mais de 10 mil.[34] A população negra de Berkeley no censo de 1950 era quase quatro vezes maior que no censo de 1940, antes de os Estados Unidos entrarem na guerra. No mesmo período, a população negra de Oakland cresceu mais de cinco vezes e a de São Francisco, aproximadamente nove vezes em relação a 1940.[35]

Como nas cidades nortistas no início do século XX, os negros recém-chegados à costa oeste foram vistos pela população negra local como vulgares e malcomportados.[36] E, como nas cidades nortistas décadas antes, sua chegada foi seguida de retrocessos nas relações entre negros e brancos.[37]

A prevalência da classificação

Em países de todo o mundo, inumeráveis grupos se classificam de muitas maneiras, em termos residenciais e sociais. Essa classificação se estende ao nível individual. A correlação entre os QIs de maridos e mulheres é ao menos tão alta quanto entre irmãos e irmãs,[38] embora não haja razão *biológica* para os QIs de maridos e mulheres serem similares, como se dá com irmãos e irmãs. Claramente, as pessoas classificam a si mesmas quando escolhem com quem se casar, mesmo que seja altamente improvável que saibam o QI da pessoa que escolheram antes do casamento, nem necessariamente depois dele. E, todavia, o resultado líquido de sua classificação espontânea e informal produz essa correlação estatística.

Há muitos tipos de classificação, incluindo classificação por estilo de vida em vizinhanças boêmias como Greenwich Village, que representa uma *desclassificação* segundo critérios como raça ou classe social de origem.

CLASSIFICANDO E DESCLASSIFICANDO PESSOAS

Todavia, é muito mais difícil encontrar distribuição uniforme ou aleatória de diferentes tipos de pessoas — em locais ou empreendimentos — que seja tratada amplamente como norma e cujos desvios sejam vistos como evidência de discriminação, no sentido de Discriminação II.

Do ponto de vista dos indivíduos, não há dúvida de que custos altos e às vezes devastadores podem ser impostos por causa das ações de membros do grupo a que pertencem, mesmo quando o indivíduo não participa das ações a que os membros de outros grupos objetam.

Tais indivíduos claramente são vítimas, mas de quem? Dos arruaceiros e criminosos que fizeram com que outros grupos buscassem garantir a própria segurança e a segurança de suas casas e famílias? Da perspectiva moral, não há "solução" óbvia, a menos que os interesses de um conjunto de pessoas automaticamente triunfem sobre os interesses de outro, o que dificilmente parece moral, mesmo que possa ser politicamente conveniente ou estar de acordo com a voga social da época.

Um episódio envolvendo o sociólogo William Julius Wilson apresenta uma versão muito mais amena dos dilemas enfrentados durante as grandes migrações:

> Sou um professor de Harvard internacionalmente conhecido, mas várias experiências inesquecíveis me lembram que, como homem negro nos Estados Unidos e parecendo muito mais jovem do que realmente sou, também sou temido. Por exemplo, várias vezes durante os anos entrei no elevador do meu condomínio vestido de modo casual e imediatamente pude notar, pela linguagem corporal dos outros residentes, que eles se sentiam desconfortáveis. Será que estavam pensando "O que esse negro está fazendo em um condomínio tão caro? Será que estamos em perigo?" Certa vez, disse sarcasticamente a um nervoso casal idoso que hesitou em sair do elevador porque estávamos todos indo para o mesmo andar: "Não se preocupem, sou professor de Harvard e moro aqui há nove anos."

DISCRIMINAÇÃO E DISPARIDADES

Quando me visto casualmente, sempre fico um pouco aliviado ao entrar em um elevador vazio, mas não fico apreensivo se estou usando gravata.

Sinto raiva todas as vezes que tenho uma experiência como o encontro no elevador.[39]

O sarcasmo e a raiva do professor Wilson eram dirigidos às pessoas cujas reações refletiam maior preocupação com sua segurança pessoal que com as sensibilidades dele. Seu relato sugere que elas não eram racistas, pois ao meramente vestir uma gravata ele evitava tensão em ambos os lados, mesmo que a gravata não modificasse sua raça.

Ao contrário de negros de eras anteriores, que claramente culpavam os negros cujo comportamento causara um retrocesso que prejudicava todos os negros, o relato do professor Wilson não dá indicação de que ele esteja pagando o preço social por perigos criados por arruaceiros e criminosos negros.

Uma visão muito diferente de tais situações é apresentada por outro acadêmico negro, o professor Walter E. Williams, economista da Universidade George Mason:

A informação não é sem custo [...]. Consequentemente, as pessoas buscam economizar no custo da informação. Ao fazer isso, tendem a substituir as formas mais caras de informação por formas mais baratas. Atributos físicos são "baratos" de observar. Se um atributo físico é percebido como correlacionado a um atributo mais caro, o observador pode usá-lo como estimativa ou proxy do atributo mais caro de observar.[40]

Em certo sentido, as reações do professor Wilson são similares às das pessoas que culpam os donos das lojas pelos preços mais altos cobrados em bairros de baixa renda e alta criminalidade, em vez de culpar aqueles

CLASSIFICANDO E DESCLASSIFICANDO PESSOAS

cujo comportamento aumentou os custos que tais preços precisam cobrir. Houve uma época em que negros comuns, com muito menos educação que o professor Wilson, compreendiam claramente que o mau comportamento de um negro das classes mais baixas faria com que outros negros arcassem com o fardo da reação.

Classificação residencial e social imposta

Além da autoclassificação espontânea, não há dúvida de que também existiu Discriminação II residencial, no sentido de que as regulamentações governamentais prescreveram explicitamente onde pessoas de determinada raça, religião ou outra identidade social podiam ou não viver.

Isso inclui os guetos originais aos quais os judeus eram consignados em certas cidades europeias em séculos passados ou regiões geográficas inteiras do Império Russo em que podiam ou não se estabelecer. As áreas onde podiam viver eram chamadas de *pale of settlement* [limites de assentamento], uma frase que sobrevive na língua inglesa em declarações sobre certas coisas serem *beyond the pale* [fora dos limites, inaceitáveis].

Restrições residenciais também eram impostas às minorias chinesas ultramarinas em várias comunidades do Sudeste Asiático, assim como a grupos de todo o mundo. Restrições governamentais similares sobre onde americanos negros podiam viver foram comuns de várias formas, suplementadas pelas restrições raciais privadas.

A questão não é se tais restrições residenciais podem existir ou existiram, mas se sua presença pode ser automaticamente inferida de estatísticas que mostram agrupamentos não aleatórios de pessoas vivendo em determinados lugares e concentradas em determinados tipos ou níveis de ocupação. Essas questões envolvem perguntas não somente causais, mas também morais, que são muito mais difíceis de responder.

DISCRIMINAÇÃO E DISPARIDADES

Causalidade

Mesmo buscar uma explicação causal não é simples. Podemos caracterizar o comportamento dos brancos que não queriam que negros vivessem em seus bairros como "racista". Mas, se desejamos ir além das caracterizações para encontrar causa e efeito, entraremos no mundo dos fatos e do teste das crenças contra as evidências. Novamente, confrontamos a diferença entre Discriminação I e Discriminação II.

Voltando aos dias iniciais de escravidão na América colonial, não há dúvida de que os escravos simplesmente viviam onde lhes mandavam viver. Mas, mesmo nesses tempos iniciais, também havia "pessoas de cor livres". Na verdade, essas "pessoas de cor livres" já viviam nos Estados Unidos antes da escravidão, que existia praticamente em todos os outros lugares do mundo e foi implementada como instituição legal nos Estados Unidos no século XVII.

Antes disso, os relativamente poucos africanos nas colônias eram tratados como os muito mais abundantes servos por contrato da Europa, que trabalhavam por certo número de anos, usualmente para pagar o custo da travessia pelo oceano, e então eram considerados livres. Na América colonial inicial, mais da metade da população branca das colônias ao sul da Nova Inglaterra chegara como servo por contrato.[41]

O relativamente pequeno número de negros na época era tratado com igualdade do ponto de vista legal,[42] mas não socialmente. Quando o número de africanos levados para as colônias aumentou imensamente, seu destino se tornou a escravidão perpétua para si mesmos e para seus descendentes.

Assim começou um ciclo de retrocessos seguidos de progressos, seguidos de novos retrocessos e novos progressos no tratamento da população negra. As razões para essas oscilações nos dizem algo sobre Discriminação I e Discriminação II.

Mesmo que ideias, suposições e aversões racistas pudessem explicar integralmente a discriminação contra negros, isso ainda deixaria sem ex-

CLASSIFICANDO E DESCLASSIFICANDO PESSOAS

plicação as oscilações, que representaram grandes mudanças, avançando e regredindo, por gerações nos séculos XIX e XX.

Durante a era da escravidão, importantes restrições legais e sociais contra as "pessoas de cor livres" existiam no norte e no sul. Mas endureceram no sul no século XIX, erodindo-se no norte no mesmo século.

No sul, onde o trabalho escravo nas plantações era a norma, as "pessoas de cor livres" eram vistas como perigo para todo o sistema, pois sua simples presença demonstrava que a escravidão não era o destino inevitável das pessoas negras e sua confraternização com os escravos tanto disseminava a ideia de liberdade quanto fornecia uma fonte de auxílio para os escravos que fugiam.

No norte, cujo clima não era favorável ao trabalho escravo nas plantações e os negros eram parte marginal da população total, as restrições legais e sociais contra eles não eram tão severas e, o mais importante, começaram a se erodir significativamente na segunda metade do século XIX, depois que sucessivas gerações de negros nortistas se adaptaram às normas comportamentais da muito mais ampla sociedade branca que os cercava. Um indicador dessa aculturação é o fato de a diferença entre o número de homicídios cometidos por brancos e negros em várias comunidades nortistas na primeira metade do século XIX ser muito menor do que se tornaria um século depois. Em um monumental tratado sobre a violência no mundo, *Os anjos bons da nossa natureza*, o autor Steven Pinker observou:

Nas cidades nortistas, na Nova Inglaterra, no meio-oeste e na Virgínia, negros e brancos matavam a taxas similares durante a primeira metade do século XIX. Então uma fenda se abriu e aumentou ainda mais no século XX, quando os homicídios entre afro-americanos dispararam, chegando a três vezes o índice entre brancos em Nova York nos anos 1850 e quase treze vezes o índice entre brancos um século depois.[43]

77

DISCRIMINAÇÃO E DISPARIDADES

Quando as pequenas populações negras nas cidades nortistas passaram a assimilar as normas da sociedade mais ampla durante o século XIX, as barreiras sociais começaram a se erodir. Em Illinois, por exemplo, as restrições ao acesso de negros às acomodações públicas foram removidas por lei.[44] Não havia eleitores negros suficientes nessa época para eles terem conseguido isso por si mesmos, o que significa que foi resultado de uma mudança na opinião pública branca.

Na Detroit do século XIX, negros não tinham direito a voto em 1850, mas votaram nos anos 1880 e, nos anos 1890, foram eleitos para cargos estaduais em Michigan por um eleitorado predominantemente branco. O censo de 1880 mostrou que, em Detroit, não era incomum brancos e negros viveram lado a lado.[45] A classe alta negra mantinha interações sociais regulares com a classe alta branca, e seus filhos frequentavam as mesmas escolas e colégios.[46]

Escrevendo em 1899, W.E.B Du Bois notou "um crescente espírito liberal em relação aos negros na Filadélfia", onde a comunidade mais ampla começara a "se livrar dos obstáculos mesquinhos e a diminuir a aspereza do preconceito racial", levando, entre outras coisas, à possibilidade de negros viverem em bairros brancos.[47] Escritores contemporâneos e posteriores comentaram desenvolvimentos similares em outras comunidades nortistas.[48]

Embora crianças negras na maioria das comunidades nortistas fossem educadas em escolas racialmente segregadas durante a primeira metade do século XIX — quando tinham permissão para frequentar escolas públicas —, isso mudou durante a segunda metade do século:

Em 1870, os estados nortistas que haviam excluído negros das escolas públicas mudaram de curso. Além disso, durante o quarto de século após o fim da Guerra Civil, a maioria dos estados do norte aprovou legislação proibindo a segregação racial na educação pública. A maioria dos tribunais, quando chamada a impor a legislação antissegregacionista recém-aprovada, assim o fez, ordenando a admissão de crianças negras em escolas brancas.[49]

CLASSIFICANDO E DESCLASSIFICANDO PESSOAS

Essas não foram apenas mudanças de humor coincidentes entre os brancos de todo o norte. *O comportamento dos próprios negros mudara.* Como afirmou Jacob Riis em 1890: "Não há uma comunidade mais limpa e ordeira em Nova York que o novo assentamento de pessoas de cor que cresce no East Side, de Yorkville ao Harlem."[50] No fim do século XIX, a maioria dos negros do estado de Nova York nascera lá e crescera com valores e padrões comportamentais similares aos da muito mais ampla população branca.

No entanto, nisso como em outras coisas, um grande retrocesso ocorreu mais tarde nas cidades nortistas, com a chegada das grandes massas de migrantes negros do sul no início do século XX, concentradas em relativamente poucos anos e em números suficientes para evitar que os migrantes se adaptassem às normas da sociedade mais ampla tão rápida ou integralmente quanto as pequenas populações negras do século XIX. Os mesmos retrocessos nas relações raciais vistos em outros aspectos da vida ocorreram nas escolas:

> [...] com a migração de centenas de milhares de negros sulistas para as comunidades nortistas durante a primeira metade do século XX, a segregação escolar aumentou dramaticamente. Em 1940, a segregação escolar no norte era mais extensa que em qualquer outro momento desde a Reconstrução.[51]

Na maioria dos casos, a segregação racial no norte era *de fato* distinta da segregação racial explícita e imposta por lei nas escolas sulistas. Mas resultados similares foram obtidos com a manipulação política dos distritos escolares e outros meios. Entre as razões citadas para o ressurgimento da segregação racial escolar estavam os problemas educacionais e comportamentais das crianças negras.[52] Contudo, pesquisas em Chicago e Detroit indicaram que os problemas educacionais ocorriam primariamente com crianças negras cujas famílias haviam migrado do sul,[53] onde os padrões educacionais eram mais baixos.

DISCRIMINAÇÃO E DISPARIDADES

Nem as eras de progresso nem as de retrocesso nas relações raciais foram simplesmente mudanças inexplicáveis de humor entre os brancos. Ambas representaram respostas a mudanças demonstráveis na população negra. Essas respostas eram afetadas por problemas inerentes ao fato de outsiders brancos tentarem resolver diferenças entre crianças negras, muito embora separar as crianças negras em geral das crianças brancas não exigisse nada mais que o sentido da visão.

Além disso, no início do século XX, a dominância do determinismo genético como doutrina supostamente "científica" fortaleceu a posição dos burocratas brancos que estavam preparados para ignorar o potencial de crianças negras e de outras minorias, como fizeram os progressistas daquela época.

DESCLASSIFICANDO PESSOAS

Na segunda metade do século XX, os resultados residenciais e outros produzidos pela classificação das pessoas foram condenados como errados e causadores de outros malefícios sociais para os grupos menos afortunados. Isso pode ser considerado um caso especial da suposição mais geral de que os resultados tendem a ser uniformes ou aleatórios na ausência de intervenção maléfica.

Mas, no que quer que seja baseada, tornou-se axiomática entre muitos americanos na segunda metade do século XX a visão de que desclassificar as pessoas era uma prioridade, especialmente em escolas, mas também em bairros residenciais.

Desclassificação educacional

Talvez a mais famosa e significativa decisão da Suprema Corte no século XX tenha sido a de *Brown v. Conselho de Educação* em 1954, que declarava que escolas racialmente segregadas eram inconstitucionais. Isso pôs fim a mais

CLASSIFICANDO E DESCLASSIFICANDO PESSOAS

de meio século de uma hipocrisia sustentada pela decisão de 1896 de *Plessy v. Ferguson*, de que a segregação racial imposta pelo governo não violava a exigência da emenda 14 de "igual proteção das leis" para todos, desde que as instalações racialmente segregadas fossem "separadas, mas iguais".

Durante gerações, foi amplamente sabido que as instalações fornecidas aos negros no sul racialmente segregado eram excessivamente desiguais. Quando os tribunais finalmente começaram a exigir que instituições estaduais iguais fossem disponibilizadas para os negros ou que eles fossem admitidos nas instituições disponíveis para os brancos, vários esforços foram feitos pelos estados sulistas para reduzir a desigualdade e, em alguns casos, acesso relutante foi concedido aos negros em instituições brancas, como em uma faculdade de Direito no Texas, embora com restrições que não se aplicavam aos estudantes brancos.[54] Mas mesmo isso representou um avanço lento e difícil contra a determinada resistência dos burocratas sulistas.

No caso *Brown v. Conselho da Educação*, a decisão unânime da Suprema Corte foi de que as escolas racialmente segregadas eram, nas palavras do juiz presidente Warren, *inerentemente* desiguais,[55] e a lenta e tortuosa rota para igualar os serviços governamentais foi substituída pela ilegalidade da classificação oficial por raça das crianças em idade escolar.

Já não se tratava de instalações físicas desiguais ou auxílio financeiro desigual, pois passou-se a acreditar que o próprio ato de segregação racial reduzia as perspectivas educacionais das crianças negras: "Separá-las de crianças de idade e qualificações similares somente por causa de sua raça gera um sentimento de inferioridade quanto a seu status na comunidade que pode afetar seus corações e mentes de uma maneira que provavelmente não pode ser revertida."[56]

Na inebriante atmosfera daquela época, quando a decisão de *Brown v. Conselho de Educação* foi saudada igualmente por negros e brancos — com exceção dos brancos sulistas — como o fim há muito esperado da segregação e da discriminação racial impostas pelo governo, as reverberantes

DISCRIMINAÇÃO E DISPARIDADES

afirmações de Warren foram amplamente aceitas. Mesmo assim, a apenas 1.600 metros da Suprema Corte, havia um colégio público somente para negros cuja história, que retrocedia ao século XIX, contradizia as principais declarações do juiz presidente sobre os fatos empíricos.

Em 1954, quando o juiz presidente Warren declarou que escolas separadas eram inerentemente desiguais, o colégio para negros Dunbar enviava uma porcentagem mais alta de alunos para a faculdade que qualquer outro colégio de Washington.[57] Ainda em 1899, quando os mesmos testes foram feitos nos quatro colégios públicos de ensino médio de Washington, o colégio para negros teve notas mais altas que dois dos três colégios para brancos.[58]

Embora a maioria de seus alunos fosse para faculdades locais, alguns começaram a entrar nas principais faculdades do país no fim do século XIX, sendo aceitos na Phi Beta Kappa. No período entre 1892 e 1954, 34% foram admitidos na Faculdade Amherst. Desses, 74% se formaram e 28% se tornaram membros da Phi Beta Kappa.[59] Entre outras faculdades de elite nas quais estudantes desse colégio eram membros da Phi Beta Kappa ao se formar estavam Harvard, Yale, Williams, Cornell e Dartmouth.[60]

Alunos desse colégio — conhecido por vários nomes desde sua fundação em 1870, incluindo Colégio Dunbar a partir de 1916 — foram os "primeiros negros" em uma variedade de realizações profissionais. Essas realizações incluíam a primeira mulher negra a obter Ph.D. em uma universidade americana, o primeiro juiz federal negro, o primeiro general negro, o primeiro membro do Gabinete negro, o primeiro professor negro com estabilidade em uma grande universidade nacional e o dr. Charles Drew, que recebeu reconhecimento internacional como pioneiro no uso do plasma sanguíneo.[61]

Claramente, escolas racialmente segregadas *não* eram inerentemente inferiores. Não há dúvida de que a maioria das escolas negras no sul, e muitas no norte, apresentavam resultados educacionais inferiores. E não

CLASSIFICANDO E DESCLASSIFICANDO PESSOAS

há dúvida de que os recursos inferiores fornecidos às escolas negras tinham papel nesses resultados, embora não necessariamente o único ou o mais importante.

De qualquer modo, a cruzada para integrar racialmente as escolas públicas, durante décadas após a decisão *Brown v. Conselho de Educação*, gerou muito tumulto social, polarização racial e amargas reações, *mas nenhuma melhoria educacional* resultante do fato de crianças negras estarem sentadas ao lado de crianças brancas nas escolas.

Uma das dolorosas ironias da cruzada pela integração racial foi que os 85 anos de realizações acadêmicas do Colégio Dunbar chegaram a um fim abrupto após a decisão *Brown v. Conselho de Educação*. Para obedecer à decisão, os colégios de Washington se tornaram regionais, de modo que o Dunbar já não podia aceitar estudantes negros de qualquer lugar da cidade, mas somente do gueto onde estava localizado. O Dunbar rapidamente se tornou um típico e fracassado colégio de gueto, com problemas acadêmicos e comportamentais.

Em 1993, a porcentagem de alunos de Dunbar que entraram na faculdade foi menor que a de todos os sessenta anos anteriores,[62] muito embora o ano de 1933 ainda sentisse as consequências da Grande Depressão de 1930 e o ano de 1993 fizesse parte da próspera década de 1990.

Nem a integração racial, a prosperidade geral ou o novo, mais moderno e mais caro edifício foram substitutos para o que se perdera. E, no entanto, perto do fim do século XX, algumas novas e altamente bem-sucedidas escolas levaram a excelência educacional de volta para muitas comunidades de gueto, não somente em Washington, mas também em Nova York e outras cidades do país. Muitos desses sucessos educacionais eram redes de escolas charter, como a Academia do Sucesso e o KIPP (Knowledge Is Power Program ou Programa Conhecimento é Poder).

Como essas escolas frequentemente estavam localizadas em bairros negros ou hispânicos de baixa renda, a constituição demográfica de seus estudantes raramente era aquela que os integracionistas raciais buscavam.

83

DISCRIMINAÇÃO E DISPARIDADES

Apesar disso, os testes educacionais mostraram que o nível acadêmico dos estudantes em algumas das escolas charter mais bem-sucedidas localizadas em guetos negros estava bem acima da média nacional.

Em 2013, crianças da quinta série das escolas da Academia do Sucesso no Harlem "superaram as crianças de todas as outras escolas públicas do estado em matemática, mesmo suas contrapartes nos subúrbios mais brancos e ricos", de acordo com o *New York Times*. E esse não foi um fenômeno isolado. Em 2014, crianças das escolas charter da Academia do Sucesso ficaram na faixa superior de 3% em notas de inglês e de 1% em notas de matemática.[63]

Embora escolas charter frequentemente estejam localizadas em bairros de baixa renda habitados por minorias — e muitas vezes nos mesmos edifícios nos quais crianças de escolas públicas regulares apresentam notas bem abaixo da média nacional —, elas não foram destruídas por sua localização, como foi o Colégio Dunbar ao se tornar um colégio regional.

Ao contrário das outras escolas públicas, as escolas charter não são obrigadas nem autorizadas a matricular todos os estudantes de seus respectivos bairros. Em muitas delas, ou mesmo na maioria, os estudantes são admitidos por loteria e a maioria termina nas escolas públicas regulares de seus bairros.

Embora a admissão nas escolas charter ocorra em função da sorte, e não da habilidade ou do desempenho, há uma autoclassificação de pais e alunos, pois aqueles com mais probabilidade de buscar admissão são os pais que querem uma educação melhor para os filhos e os estudantes dispostos a se submeter a um regime acadêmico mais exigente.

Nesse caso, como na era de sucesso acadêmico do Colégio Dunbar, a *autoclassificação* foi crucial. Estudantes negros não eram simplesmente designados para o Colégio Dunbar. Eles tinham de se candidatar, e aqueles sem interesse ou inclinação para se submeter às rigorosas normas educacionais não tinham razões para fazer isso.

O registro educacional de tal autoclassificação tem sido muito mais bem-sucedido que o da classificação *por terceiros*, seja ela por raça, localização residencial ou pela crença de que a diversidade racial leva a maiores realizações educacionais.

84

CLASSIFICANDO E DESCLASSIFICANDO PESSOAS

A autoclassificação praticada entre outros grupos em países de todo o mundo é negada aos negros americanos quando seus filhos são todos amontoados, seja por raça nos dias do sul racialmente segregado, seja por local de residência nas escolas públicas que detêm o monopólio de seus respectivos distritos.

Diferenças internas são ao menos tão comuns entre negros quanto entre outros grupos raciais ou étnicos, tornando a autoclassificação um modo de reduzir os atritos contraproducentes que dificultam a educação. Escolas charter de sucesso oferecem um vislumbre do que pode ser realizado pelas crianças negras em guetos de baixa renda quando a autoclassificação as livra das interrupções e da violência de colegas de classe desregrados, dos quais basta um pequeno número para impedir toda a classe de receber uma educação decente.

Desclassificação residencial

Juntamente com a desclassificação das crianças americanas em idade escolar durante décadas de envio mandatário para escolas públicas racialmente "integradas" em vizinhanças racialmente diferentes, houve esforços paralelos para "integrar" racialmente as próprias vizinhanças.

Entre as várias iniciativas do governo para desclassificar pessoas que classificaram a si mesmas, houve programas para construir, em bairros de classe média, casas acessíveis a pessoas com rendas mais baixas. Outras estratégias incluíram fornecer subsídios para permitir que famílias de baixa renda e pertencentes a minorias fossem capazes de alugar casas em vizinhanças de renda mais alta.

A suposição por trás de tais programas era de que o isolamento social era a causa de muitas das patologias sociais nos guetos, de modo que pôr fim ao isolamento levaria à melhoria de comportamento e desempenho de crianças e adultos pertencentes às minorias.

Essa foi essencialmente a mesma suposição por trás da decisão da Suprema Corte no caso *Brown v. Conselho de Educação*, de que instalações separadas eram inerentemente desiguais. Embora a decisão não declarasse

DISCRIMINAÇÃO E DISPARIDADES

explicitamente que a mistura racial era essencial para que crianças negras recebessem educação igual, esse foi seu corolário lógico.

A ideia de "integração" racial ou "diversidade" demográfica se expandiu das questões educacionais para a desclassificação residencial de diferentes grupos raciais, étnicos e de renda. A promoção ou imposição governamental de tais políticas deveria beneficiar tanto os recém-chegados nas vizinhanças de classe média quanto os já residentes que haviam se distanciado deles.

Qualquer que seja a plausibilidade dessas suposições e teorias, a questão crucial de sua viabilidade empírica depende de evidências reais. Contrariamente àqueles que atribuem as patologias sociais nos guetos a causas externas em geral e ao racismo branco em particular, parte da oposição mais intensa aos programas governamentais que inseriam pessoas dos guetos em vizinhanças de classe média veio dos residentes *negros* de tais vizinhanças.[64] Como disse o *Chicago Tribune*:

> O mais áspero criticismo à dispersão de locatários de habitações sociais vem não dos brancos, mas dos negros. Em Harvey, um subúrbio de afro-americanos da classe operária ao sul da cidade, praticamente uma em cada dez unidades de habitação já está ocupada por locatários com subsídios.[65]

Entre os comportamentos dos recém-chegados que comumente causavam queixas dos residentes originais dos bairros de classes operária e média em todo o país estava o fato de que permitiam que os adolescentes "vagueiem pelas esquinas, joguem basquete tarde da noite e fiquem nos estacionamentos ouvindo música profana em alto volume"[66] em Chicago. De acordo com os residentes originais, "frequentemente se ouvem tiros".[67]

Em uma comunidade da área da baía de São Francisco, a acusação era de que as crianças dos recém-chegados estavam "furtando das casas vizinhas, dando festas barulhentas durante a semana e nos fins de semana, ameaçando os vizinhos e se envolvendo em várias formas de atividade criminosa [...] roubando e atacando nossos filhos na ida e na volta da escola".[68]

CLASSIFICANDO E DESCLASSIFICANDO PESSOAS

Em Louisville, os homicídios permaneceram concentrados ao longo dos anos nas áreas em que se concentravam os projetos sociais de habitação.[69]

Os residentes negros das comunidades de classes operária e média se mostraram particularmente desinibidos ao denunciar as pessoas dos projetos sociais de habitação e desempregadas que o governo inseriu em suas comunidades, talvez porque não tivessem medo de ser chamados de "racistas".

De acordo com o *Chicago Tribune*, a resistência dos negros das classes operária e média "é feroz em alguns casos". Proprietários negros "protestaram aos brados" durante assembleias públicas, dizendo que não queriam "'aquelas pessoas' se mudando para seu bairro". Frequentemente, proprietários "gritavam para os representantes do governo que haviam trabalhado duro para chegar onde estavam e não queriam viver perto de pessoas que apenas destruíam suas casas. Eles as chamavam de 'pessoas do projeto', 'marginais' e 'parasitas'".[70]

"Alguns negros sentem que 'aquelas pessoas' dificultam as coisas para nós, que estamos tentando fazer algo de nossas vidas", disse Shirley Newsome, proprietária de uma casa em Kenwood-Oakland e defensora da moderação. "É por isso que a América branca não me quer vivendo perto dela, porque olha para mim e vê que venho de uma localidade de habitações sociais."[71]

Como muitos padrões sociais que usualmente são discutidos em termos de raça, esse padrão de inserir recém-chegados de classes mais baixas em vizinhanças nas quais não são bem-vindos pelos residentes originais também existe quando tanto os recém-chegados quanto os residentes originais são brancos. No best-seller *Era uma vez um sonho*, o autor — um homem branco de família interiorana — relatou que a avó via o assentamento governamental de pessoas de classe mais baixa em seu meio como "uma traição, fazendo com que pessoas 'ruins' se mudassem para nosso bairro" e, muito embora elas "se parecessem muito conosco", eram do tipo que "dá má fama à nossa gente".[72]

DISCRIMINAÇÃO E DISPARIDADES

Entre outras coisas, ela se ressentia "das drogas e das brigas tarde da noite" entre os novos vizinhos que o governo trouxera, e disse da mulher que vivia na casa ao lado: "É uma vadia preguiçosa, mas não seria se fosse forçada a ter um emprego." Mais explicitamente: "Não entendo por que pessoas que trabalharam a vida inteira lutam para sobreviver enquanto esses desocupados compram bebidas e usam celulares com o dinheiro dos nossos impostos."[73]

Defensores das vizinhanças não classificadas, seja por raça seja por classe, argumentam que viver em um local melhor produz benefícios para as crianças e os adultos que chegam e benefícios de diversidade para a sociedade em geral. Mas os esperados benefícios para os recém-chegados advindos de projetos sociais e bairros de alta criminalidade falharam repetidamente em surgir nos extensos estudos empíricos realizados por uma variedade de pesquisadores do programa "Mudando-se para a oportunidade" do governo federal.

Um estudo desse programa publicado no *Journal of Human Resources* concluiu: "Não encontramos evidências de melhoria nas pontuações em leitura e matemática, no comportamento, nos problemas escolares ou no engajamento nas atividades escolares, no total ou em qualquer grupo etário."[74] Outro estudo do mesmo programa publicado no *American Journal of Sociology* concluiu que "não há evidências de que tempo adicional passado em vizinhanças integradas de baixa pobreza melhore os resultados econômicos".[75]

Outro estudo do "Mudando-se para a oportunidade", publicado no jornal econômico *Econometrica*, chegou a conclusões semelhantes: "Não descobrimos nenhuma evidência significativa de efeitos sobre a renda, a participação nos programas de bem-estar social ou a quantidade de auxílio governamental em uma média de cinco anos após o assentamento aleatório."[76] O *American Economic Review*, o jornal oficial da Associação Americana de Economia, concluiu o mesmo sobre o programa federal: "Nenhum impacto consistente foi detectado na autossuficiência eco-

CLASSIFICANDO E DESCLASSIFICANDO PESSOAS

nômica de adultos ou nos resultados educacionais das crianças" com a realocação de milhares de pessoas para bairros de renda mais alta que os originais.[77]

O *Quarterly Journal of Economics*, o mais antigo jornal americano de economia, relatou que "as mudanças de vizinhança induzidas pelo programa 'Mudando-se para a oportunidade' não afetaram as taxas de emprego ou de uso do sistema de bem-estar social dos chefes de família em uma quantidade estatisticamente detectável".[78]

Além desses jornais acadêmicos, um estudo publicado pelo Departamento de Habitação e Desenvolvimento Humano dos Estados Unidos "acompanhou mais de 4.600 famílias de baixa renda em cinco cidades americanas durante um período de dez a quinze anos, para examinar os efeitos de curto e longo prazo da mudança para vizinhanças com baixos índices de pobreza". Sua conclusão foi: "Nenhum benefício discernível na autossuficiência econômica, nos resultados de empregabilidade e no comportamento arriscado e criminoso de adultos e crianças foi observado como resultado da mudança. Similarmente, a mudança teve poucos efeitos positivos sobre as realizações educacionais dos jovens."[79]

Mesmo assim, em 2013, o secretário de Habitação e Desenvolvimento Urbano Shaun Donovan "jurou ajudar os negros urbanos a se mudarem para bairros suburbanos, onde podem ter acesso a 'boas escolas, ruas seguras, empregos, lojas' e outras coisas". O secretário Donovan afirmou que os corretores imobiliários e proprietários de imóveis ainda discriminam os negros. "A liberdade de escolha", disse ele, "está sendo negada aos afro-americanos."[80] De acordo com o *Investor's Business Daily*:

Anteriormente neste ano, o Departamento de Habitação e Desenvolvimento Humano ampliou a autoridade de duas leis antidiscriminação, a Lei de Habitação Justa e a Lei de Oportunidades Iguais de Crédito, tornando ilegal qualquer política de habitação ou crédito que resulte em desproporcionalmente menos negros ou

DISCRIMINAÇÃO E DISPARIDADES

latinos recebendo habitações ou empréstimos habitacionais que brancos, mesmo que essa política seja neutra em relação à raça e uniformemente aplicada a todos os grupos.[81]

Aqui, novamente, vemos a suposição implícita de que não haveria resultados díspares se não houvesse tratamento díspar. Além disso, essa suposição parece impermeável às evidências.

Uma grande diferença entre pessoas classificando ou desclassificando a si mesmas, de um lado, e funcionários do governo classificando-as ou desclassificando-as de outro, é que as pessoas que classificam ou desclassificam a si mesmas recebem os benefícios e os custos de fazer isso. Mas os funcionários do governo não recebem nem os benefícios nem os custos de desclassificar outras pessoas e podem persistir nesse processo, com total indiferença pelos benefícios e custos que recaem sobre outros. Na verdade, os custos *políticos* de admitir ter imposto políticas socialmente contraproducentes são um poderoso incentivo para continuar a impô-las e ignorar ou negar suas consequências.

Seria errado dizer que não houve benefício para ninguém quando o governo subsidiou ou impôs a desclassificação de pessoas. Embora alguns estudos tenham encontrado benefícios para alguns segmentos dos grupos de baixa renda alocados para vizinhanças de classe média pelo governo,[82] eles raramente ou nunca foram do escopo ou da magnitude antevistos quando os programas foram instituídos.

Mais fundamentalmente, as consequências negativas para os residentes originais das comunidades nas quais foram alocados raramente ou nunca são mencionadas — e muito menos analisadas — nesses estudos. É como se qualquer benefício, por menor que seja, para os novos residentes automaticamente supere quaisquer custos, por maiores que sejam, para os residentes originais.

CLASSIFICANDO E DESCLASSIFICANDO PESSOAS

"Impacto desproporcional" na empregabilidade

Embora o tratamento díspar de indivíduos em função do grupo a que pertencem signifique Discriminação II, isso nem sempre é fácil de provar nos tribunais. Nem a lei antidiscriminação, como aplicada pelos tribunais americanos, exige tal prova. Se dado pré-requisito para o emprego ou promoção — diploma de ensino médio, por exemplo — tiver "impacto desproporcional" sobre um grupo, como as minorias étnicas, então o ônus da prova recai sobre o empregador acusado, que precisa fornecer uma justificativa para o requerimento ou ser considerado culpado de discriminação.

Esse processo representa um grande afastamento dos princípios legais americanos em casos civis e criminais, nos quais o ônus da prova usualmente é daqueles que fazem a acusação, em vez de se esperar que o acusado prove sua inocência. Há sérias consequências práticas para esse padrão tão diferente nos casos de direitos civis. Há custos tanto para os empregadores quanto para os candidatos a emprego quando a variedade e a proporção de funcionários diferem da variedade e da proporção dos grupos na área circundante.

Para o empregador, o fato de que uma acusação de discriminação pode ser feita com base apenas nas estatísticas sobre seus funcionários, sem que um único ser humano de carne e osso alegue ter sofrido discriminação, significa que ele pode ser submetido a um caro e demorado processo legal que pode se arrastar por anos, consumindo milhões de dólares somente em custos legais, para além dos custos caso o processo leve a um veredito desfavorável.

Por exemplo, um processo acusando a rede de lojas de departamento Sears de discriminação sexual custou 20 milhões de dólares em custos legais[83] e levou quinze anos para sair dos tribunais federais, ainda que o governo não tenha apresentado uma única mulher, de qualquer uma das centenas de lojas da Sears no país, que alegasse ter sofrido discriminação. Somente as disparidades estatísticas foram suficientes para manter o custoso processo se arrastando por mais de uma década.

DISCRIMINAÇÃO E DISPARIDADES

No fim, a Sears prevaleceu nos tribunais de apelação. Mas poucos empregadores têm condições de arcar com tais custos financeiros durante tantos anos, operando sob o estigma público de acusações de discriminação que podem afetar a opinião pública e a venda de seus produtos.

A maioria dos empregadores, incluindo as grandes corporações, acha mais vantajoso chegar a um acordo fora dos tribunais, mesmo quando não violaram as leis antidiscriminação, e o número de tais acordos é então usado pelos críticos para afirmar que a discriminação profissional é disseminada. Em 2012, por exemplo, a PepsiCo pagou mais de 3 milhões de dólares para solucionar a acusação feita pela Comissão de Oportunidades Iguais de Emprego de que a verificação de antecedentes criminais por parte da grande fabricante de refrigerantes e salgadinhos era discriminação contra os negros.[84]

Isso foi uma barganha se comparado ao montante desembolsado pela Sears ao lutar contra a acusação de discriminação contra mulheres, muito embora ela tenha vencido. Além disso, ter uma acusação de discriminação racial pendendo sobre a PepsiCo durante anos, enquanto o caso se arrastava nos tribunais federais, teria custado ainda mais milhões se indivíduos e instituições decidissem comprar refrigerantes e salgadinhos de outros fabricantes.

Em resumo, o resultado dos casos de "impacto desproporcional" não necessariamente depende da quantidade ou da qualidade das evidências. Na época do acordo da PepsiCo, um estudo empírico já mostrara que companhias que verificavam antecedentes criminais tendiam a empregar *mais* negros que as que não verificavam.[85] O fator crucial em tais casos não é o julgamento, mas o custo de ir a julgamento, tanto em honorários quanto na perda de negócios devido à má publicidade. A única maneira de o acusado vencer, em qualquer sentido econômico significativo, é tirar o caso dos tribunais e evitar um julgamento.

Raramente um juiz se recusa a permitir que um caso vá a julgamento, embora isso tenha acontecido em 2013, quando as evidências apresentadas

CLASSIFICANDO E DESCLASSIFICANDO PESSOAS

pela Comissão de Oportunidades Iguais de Emprego foram chamadas de "risíveis" pelo juiz distrital Roger Titus, por causa de seu "espantoso número de erros" e por causa da inconsistência da ação contra uma empresa por verificar os antecedentes criminais dos candidatos a emprego quando a própria comissão faz o mesmo.[86]

As implicações do uso do "impacto desproporcional" para custosas ações judiciais de direitos civis não se limita aos empregadores. Os trabalhadores também podem ser negativamente afetados, e não apenas com a redução de oportunidades de emprego para negros que não possuem antecedentes criminais.

Quando uma agência federal pode tão facilmente fazer acusações de discriminação em benefício de trabalhadores de minorias raciais ou étnicas — acusações que podem ser caras e demoradas nos tribunais ou forçar acordos dispendiosos fora deles —, isso reduz o valor de contratar trabalhadores negros ou de outras minorias, mesmo quando suas qualificações são iguais a de trabalhadores que não apresentam tais riscos legais.

Desse modo, os empregadores têm incentivo para localizar seus negócios longe de concentrações de populações minoritárias, a fim de não ficarem legalmente vulneráveis a dispendiosas acusações de discriminação se sua força de trabalho não tiver a mesma configuração demográfica da população circundante.

Empresas japonesas, ao chegarem aos Estados Unidos, especificaram que não queriam suas instalações perto de concentrações de negros.[87] Empresas americanas que fazem o mesmo, estando mais familiarizadas com a atmosfera legal e social do país, têm menos probabilidade de deixar um rastro de papel. Mesmo assim, isso suscita a questão sobre se as leis antidiscriminação, como aplicadas pelos tribunais, fornecem incentivos tanto para discriminar quanto para não discriminar minorias raciais, com o efeito final sendo incerto.

Muitos observadores que veem o racismo como disseminado e muito efetivo no mercado de trabalho não levam em consideração o fato de que

DISCRIMINAÇÃO E DISPARIDADES

empregadores em mercados competitivos já procuraram ativamente por trabalhadores negros, mesmo em lugares e épocas nos quais o racismo era dominante e manifesto, como na África do Sul durante o apartheid, sob um governo da minoria branca que proclamava abertamente a supremacia branca.

Similarmente, trabalhadores americanos negros estavam tão em demanda há um século, no sul de Jim Crow, que as tentativas organizadas de empregadores e proprietários de terras brancos para diminuir seus ganhos frequentemente ruíram sob a pressão dessa procura.

Empregadores brancos *nortistas* enviaram recrutadores ao sul na era Jim Crow para contratar trabalhadores negros, em tal escala que muitas leis foram aprovadas para restringir suas atividades, impondo-lhes taxas de licenciamento e outras restrições e severas penalidades por sua violação.[88] Isso claramente indicava uma grande demanda por trabalhadores negros em ambas as regiões do país.

No interior das comunidades nortistas nos anos 1920, a busca por trabalhadores negros era suficiente para que Henry Ford e seus executivos estabelecessem conexões com o clero da comunidade negra de Detroit, a fim de que ele os ajudasse a escolher candidatos negros. Arranjos similares existiam em Chicago e Pittsburgh.[89] Na verdade, a Ford Motor Company buscava acesso de baixo custo ao conhecimento de qualidades individuais, a fim de julgar cada indivíduo em suas particularidades, em vez de se basear em informações sobre as características do grupo.

Em resumo, o racismo não foi suficiente para evitar a demanda por trabalhadores negros em um mercado competitivo. Seria uma dolorosa ironia se as leis antidiscriminação estivessem entre os fatores que reduziram essa demanda nos últimos tempos. As intenções, sejam boas sejam ruins, não predestinam os resultados.

4.

O mundo dos números

Quando se tenta entender as disparidades econômicas e sociais, estatísticas frequentemente são usadas, tanto para expressar sua magnitude quanto para tentar estabelecer suas causas. Para alguns, os números podem expressar a noção de fatos objetivos e concretos. Mas, mesmo quando esses números estão corretos, as palavras que descrevem o que estão medindo podem ser incorretas ou enganosas. Elas incluem números básicos como renda, níveis de desemprego e taxas de prisão por violação das leis.

Os números também podem ser enganosos não por causa de quaisquer defeitos intrínsecos neles mesmos ou nas palavras que os descrevem, mas por causa de suposições implícitas sobre os padrões com os quais estão sendo comparados. Nesse caso, a aparentemente invencível falácia de supor que uma distribuição uniforme ou aleatória de resultados é algo a se esperar, na ausência de causas complicadoras como genética ou discriminação, pode fazer com que muitas estatísticas que mostram resultados díspares sejam interpretadas como sinal de que há algo fundamentalmente errado

DISCRIMINAÇÃO E DISPARIDADES

no mundo real, em vez de algo fundamentalmente errado nas suposições por trás dos padrões com os quais esses resultados são comparados.

Nem a lógica nem as evidências empíricas fornecem uma razão convincente para esperar resultados iguais ou aleatórios entre indivíduos, grupos, instituições ou nações.

Quando usadas com consciência de suas armadilhas, as estatísticas podem ser imensamente valiosas para testar hipóteses opostas sobre resultados díspares. Mas, mesmo nesses casos, podem ser imensamente enganosas quando são distorcidas por erros de omissão ou comissão.

ERROS DE OMISSÃO

A mera omissão de um fato crucial pode transformar estatísticas acuradas em uma armadilha que leva a conclusões que seriam comprovadamente falsas se todos os fatos fossem conhecidos. Isso acontece frequentemente em comparações de diferentes grupos étnicos e diferentes classes de renda, entre outras.

Disparidades grupais

Durante uma longa e acalorada campanha nos meios políticos e na mídia durante o início do século XXI, alegando que havia rampante discriminação contra os solicitantes negros de empréstimos imobiliários, dados de várias fontes foram citados repetidamente, mostrando que os solicitantes negros dos tipos mais desejáveis de hipoteca eram recusados com substancialmente mais frequência que os solicitantes brancos.

No ano 2000, por exemplo, dados da Comissão de Direitos Civis dos Estados Unidos mostraram que 44,6% dos solicitantes negros e somente 22,3% dos solicitantes brancos foram recusados.[1] Essas e outras estatísti-

O MUNDO DOS NÚMEROS

cas similares de várias fontes disseminaram denúncias contra os agentes hipotecários e exigências de que o governo "fizesse algo" para pôr fim à discriminação racial desenfreada nas instituições hipotecárias.

O mesmo relatório da Comissão de Direitos Civis dos Estados Unidos que mostrava que as solicitações de hipotecas convencionais feitas por negros eram recusadas duas vezes mais que as de brancos continha estatísticas mostrando que brancos eram recusados para as mesmas hipotecas quase duas vezes mais que "asiáticos-americanos e nativos havaianos".

Enquanto a taxa de rejeição de solicitantes brancos era de 22,3%, a de asiáticos-americanos e nativos havaianos era de 12,4%.[2] Mas tais dados raramente ou nunca viram a luz do dia na maioria dos jornais ou noticiários da TV, pois a diferença negros-brancos fora suficiente para convencer os jornalistas de que a discriminação racial era a razão.

Essa conclusão se adequa às preconcepções existentes, aparentemente eliminando a necessidade de verificar se também se adequa aos fatos. Essa omissão crucial permitiu a preconcepção prevalente que domina as discussões nos meios políticos, na mídia e em grande parte da academia.

Um dos poucos veículos da mídia a considerar explicações alternativas para as diferenças estatísticas foi o *Atlanta Journal-Constitution*, que mostrou que 52% dos negros tinham pontuações de crédito tão baixas que só se qualificavam para as hipotecas menos desejáveis, assim como 16% dos brancos. Portanto, 49% dos negros dos dados citados pelo *Atlanta Journal-Constitution* terminaram com empréstimos imobiliários de alto risco, assim como 13% dos brancos e 10% dos asiáticos.[3]

Mas as estatísticas, tão danosas para a preconcepção prevalente de que as diferenças intergrupos nos resultados mostravam discriminação racial, no sentido de Discriminação II, quase nunca eram mencionadas na maioria da mídia de massa.

As estatísticas omitidas teriam minado a preconcepção prevalente de que agentes hipotecários brancos discriminavam solicitantes negros. No entanto, essa preconcepção ao menos parecia plausível, mesmo que não

DISCRIMINAÇÃO E DISPARIDADES

resistisse ao escrutínio mais atento. Mas a ideia de que agentes hipotecários brancos também discriminavam solicitantes brancos em favor de solicitantes asiáticos nem sequer tinha plausibilidade. Igualmente implausível era a ideia de que bancos de propriedade de negros discriminassem solicitantes negros. O fato, porém, é que os bancos de propriedade de negros recusavam solicitantes negros de hipotecas em uma taxa *mais alta* que os bancos de propriedade de brancos.[4]

Estatísticas de renda domiciliar

Infelizmente, não é incomum omitir estatísticas que discordam das preconcepções prevalentes. Isso se tornou uma prática comum na política, na mídia e mesmo em grande parte da academia. Tais erros de omissão não estão confinados à questão das hipotecas e também são comuns em muitas discussões sobre estatísticas de renda.

Por exemplo, dados sobre a renda domiciliar frequentemente são usados para indicar a magnitude das disparidades econômicas em uma sociedade. Mas dizer que domicílios na faixa superior de 20% possuem x vezes a renda dos domicílios na faixa inferior de 20% é exagerar a disparidade entre seres humanos de carne e osso, que pode ser bastante diferente da disparidade entre faixas de renda. Isso porque, a despeito do número igual de *domicílios*, há muito mais *pessoas* na faixa superior de 20%.

Dados do censo de 2002 mostraram que havia 40 milhões de pessoas na faixa inferior de 20% de domicílios e 69 milhões de pessoas na faixa superior de 20% de domicílios.[5] Tais fatos usualmente são omitidos nas estatísticas sobre disparidade de renda.

Sem dúvida, as pessoas do quintil superior possuem renda média superior à das pessoas no quintil inferior. Mas o fato de que há 29 milhões de pessoas a mais no quintil superior exagera a disparidade de renda entre *pessoas*. Em 2015, dados do Departamento de Estatísticas do Trabalho dos

O MUNDO DOS NÚMEROS

Estados Unidos mostraram que o quintil superior apresentava 36 milhões de pessoas a mais que o inferior.[6] Além disso, o número de pessoas com renda era quatro vezes maior no quintil superior que no inferior.[7] Esse é mais um erro de omissão em um caso no qual a verdade minaria a preconcepção prevalente.

Há um número diferente de pessoas por domicílio não somente em diferentes faixas de renda, mas também em diferentes grupos étnicos e diferentes períodos. Omitir essas diferenças ao tirar conclusões pode distorcer o significado ou as implicações das estatísticas.

Como indicou o Departamento de Censo mais de meio século atrás, o número de domicílios tem crescido mais rapidamente que o número de pessoas.[8] Em resumo, os domicílios americanos tendem a conter menos pessoas – uma tendência que continua presente no século XXI.[9] Nos últimos tempos, não somente as famílias são menores como mais pessoas são financeiramente capazes de viver em domicílios individuais, em vez de com familiares ou colegas, ou em quartos individuais ou repúblicas, conforme a renda aumenta de geração para geração.

Quando, no mesmo número de anos, a renda por pessoa cresce e o número médio de pessoas por domicílio declina, isso pode levar a estatísticas indicando que a renda do domicílio médio está *diminuindo*, mesmo que a renda de todos os indivíduos esteja *aumentando*.

Por exemplo, se a renda *per capita* aumenta 25% em determinado período, durante o qual o número médio de pessoas por domicílio diminui de seis para quatro pessoas, então quatro pessoas no período posterior têm tanta renda quanto cinco pessoas no período anterior. Mas isso ainda é menos renda que *seis* pessoas tinham no período anterior, de modo que a renda média dos domicílios *diminuiu*, mesmo que a renda por pessoa tenha aumentado 25%.

Estatísticas sobre renda domiciliar podem ser enganosas de outras maneiras. Se duas pessoas de baixa renda dividirem um apartamento a fim de diminuir o custo individual do aluguel e se uma ou ambas tiverem

DISCRIMINAÇÃO E DISPARIDADES

aumento de salário, isso pode fazer com que uma delas vá morar sozinha em outro apartamento, o que, por sua vez, pode levar a uma *queda* na renda média dos domicílios.

Se, por exemplo, cada uma delas tiver uma renda de 20 mil dólares por ano e, mais tarde, ambas chegarem a uma renda de 30 mil, fazendo com que decidam viver em apartamentos separados, isso significará uma *queda* da renda domiciliar de 40 para 30 mil dólares por ano. Haverá, portanto, dois domicílios de baixa renda em vez de um, e cada um deles será mais pobre que aquele que substituiu. Novamente, um aumento da renda individual pode se refletir, estatisticamente, na queda da renda domiciliar.

Como a maioria da renda é paga a indivíduos, e não a domicílios, e "indivíduo" sempre significa uma pessoa, ao passo que "domicílio" pode significar qualquer número variável de pessoas, por que estatísticas sobre a renda domiciliar são tão frequentemente usadas, em vez de estatísticas sobre a renda individual?

Claramente, omitir estatísticas de renda individual e usar estatísticas de renda domiciliar é menos útil quando se busca a verdade sobre as diferenças econômicas entre seres humanos. Mas estatísticas de renda domiciliar podem ser muito úteis para alguém promovendo cruzadas políticas ou ideológicas baseadas em estatísticas que exageram as disparidades econômicas entre as pessoas.

Tempo e rotatividade

Outro fator frequentemente omitido ou distorcido em discussões sobre disparidade de renda é a dimensão *tempo*. As pessoas na faixa inferior de 20% frequentemente são mencionadas como "os pobres" e, se a renda desse quintil não mudar durante certo período de anos, pode-se dizer que a renda "dos pobres" estagnou. Mas a maioria das pessoas inicialmente no quintil inferior não permanece nele.

O MUNDO DOS NÚMEROS

A maioria das pessoas inicialmente no quintil inferior provavelmente sairá dele anos depois, precisamente porque sua renda *não* estagnou, e nossa preocupação é com o destino de seres humanos de carne e osso, não com o de categorias estatísticas abstratas.

Um estudo da Universidade de Michigan que acompanhou um conjunto de trabalhadores americanos de 1975 a 1991 descobriu que 95% das pessoas inicialmente na faixa inferior de 20% já não pertenciam a ela no fim do período. Além disso, 29% daqueles inicialmente no quintil inferior percorreram todo o caminho até o quintil superior, e somente 5% permaneceram na faixa inferior de 20%.[10]

Como 5% de 20% é 1%, somente 1% da população total da amostra constituiu "os pobres" durante os anos do estudo. Declarações sobre como a renda "dos pobres" se comportou durante esses anos só se aplicariam a esse 1% de pessoas.

Distorções similares da realidade ocorrem quando a dimensão tempo é ignorada ao se discutir as faixas superiores de renda, que frequentemente são mencionadas como se constituíssem uma classe permanente de pessoas, em vez de casos transitórios, como "os pobres" nas faixas inferiores. Assim, uma matéria de 2017 do *New York Times* se referiu ao "favorecido quintil no topo da distribuição de renda", que acumulou, "desde 1979", um crescimento de renda muito superior aos outros.[11]

Considerando-se a rotatividade de pessoas nos diferentes quintis de 1975 a 1991, a suposição implícita de que as mesmas pessoas permaneceram no quintil superior de 1979 a 2017 é espantosa. Mas, é claro, a própria ideia de rotatividade foi omitida.

Outro dos relativamente poucos estudos estatísticos que acompanharam um conjunto de americanos durante certo número de anos descobriu uma realidade muito diferente da usualmente retratada na mídia, na política ou na academia: "Em algum momento entre as idades de 25 e 60 anos, mais de três quartos da população se encontrarão nos 20% superiores da distribuição de renda."[12] Para a maioria dos americanos em outros quintis,

101

DISCRIMINAÇÃO E DISPARIDADES

invejar ou se ressentir do quintil superior significaria invejar ou se ressentir *de si mesmos,* isto é, de como serão anos depois.

Classificar as pessoas em faixas particulares de renda como "os pobres" ou "os ricos" significa implicitamente assumir que são residentes permanentes dessas faixas, quando, na verdade, a maioria dos americanos não permanece no mesmo quintil de renda de uma década para a seguinte.[13]

A taxa de rotatividade nas faixas superiores de renda é ainda maior que na população em geral. Menos de metade das pessoas no muito discutido "1% do topo" em 1996 ainda estavam lá em 2005. As pessoas inicialmente no *centésimo superior desse 1%* tiveram uma rotatividade ainda maior, e aquelas que contavam com as quatrocentas rendas mais altas do país mudaram ainda mais rapidamente.[14]

Estatísticas de criminalidade e prisão

Algumas das mais grosseiras distorções da realidade envolvem omissões bastante simples. Ninguém precisa ser especialista para ver através de muitas falácias estatísticas, incluindo aquelas baseadas em simples omissões. Mas fazer isso requer parar e pensar sobre os números, em vez de se deixar levar pela combinação entre estatística e retórica.

As estatísticas citadas para embasar alegações de que a polícia prende mais negros geralmente não vão além de mostrar que a proporção de negros presos excede em muito os cerca de 13% de negros na população americana.

Se alguém usasse um raciocínio similar para afirmar que os juízes da Associação Nacional de Basquete (NBA) possuem preconceitos raciais porque a proporção de faltas que marcam contra jogadores negros excede em muito esses 13%, qualquer um familiarizado com o campeonato ime-

O MUNDO DOS NÚMEROS

diatamente veria a falácia, uma vez que a proporção de jogadores negros na NBA é maior que a proporção de negros na população americana.

Além disso, como negros são super-representados entre os astros da NBA, o número de jogadores negros em quadra é ainda mais desproporcionalmente alto, e são os jogadores em quadra que cometem faltas, e não os reservas sentados no banco.

O que seria relevante para testar a hipótese de que negros são desproporcionalmente presos pela polícia ou condenados e sentenciados pelos tribunais seriam dados objetivos sobre a proporção de violações particulares da lei cometidas por negros, comparada à proporção de negros presos, condenados e sentenciados por essas violações.

Tais dados objetivos nem sempre são fáceis de conseguir, uma vez que dados que refletem ações policiais dificilmente seriam considerados válidos em um teste para determinar se as ações da polícia são válidas. No entanto, há estatísticas particulares que são tanto relevantes quanto independentes das ações policiais.

As mais confiáveis e objetivas estatísticas de crime são sobre homicídios, uma vez que um cadáver dificilmente pode ser ignorado, qualquer que seja a raça da vítima. Desde que se registram estatísticas de homicídio nos Estados Unidos, a proporção de vítimas negras tem sido um múltiplo da proporção de negros na população. Além disso, a vasta maioria das vítimas de homicídio cujos responsáveis foram encontrados foi morta por outros negros, assim como a maior parte das vítimas brancas foi morta por brancos.

Como a taxa de homicídios entre negros é um múltiplo da taxa de homicídios entre brancos, não surpreende que a taxa de prisão por homicídio entre negros seja um múltiplo da taxa de prisão por homicídio entre brancos. Isso não tem nada a ver com a proporção de negros na população geral, e tudo a ver com a proporção de negros entre as pessoas que cometem um crime particular.

DISCRIMINAÇÃO E DISPARIDADES

Outra violação da lei que pode ser testada e quantificada independentemente da polícia é o excesso de velocidade em rodovias. Um estudo feito por pesquisadores independentes com quase 40 mil motoristas na Turnpike de Nova Jersey, usando câmeras de alta velocidade e um radar, mostrou que uma proporção maior de motoristas negros que de motoristas brancos estava acima da velocidade permitida, especialmente nas velocidades mais altas.[15]

Esse estudo comparando a proporção de motoristas negros parados pela polícia estadual com a proporção de motoristas negros que realmente estavam acima da velocidade permitida não foi nem de perto tão aceito, ou ao menos mencionado, pela mídia ou pelos políticos como outros estudos comparando o número de motoristas negros parados pela polícia estadual por excesso de velocidade e outras violações com a proporção de negros na *população*.[16]

Novamente, os fatos específicos foram derrotados pela pressuposição implícita de que grupos tendem a ser similares no que fazem, de modo que grandes diferenças de resultado são tratadas como surpreendentes, se não sinistras. Mas diferenças demográficas só são suficientes para levar a grupos diferentes em termos de excesso de velocidade, sem considerar outras diferenças sociais ou culturais.

Pessoas mais jovens tendem a correr mais e grupos com idade média mais baixa apresentam uma proporção maior da população em faixas etárias nas quais o excesso de velocidade é mais comum. Quando grupos diferem em idade média por uma década ou, em alguns casos, duas décadas ou mais,[17] não há nenhuma razão para se esperar que grupos diferentes tenham a mesma proporção de suas populações excedendo a velocidade permitida ou os mesmos resultados em qualquer número de outras atividades que são mais comuns em faixas etárias específicas.

A omissão de dados na proporção de negros — ou qualquer outro grupo racial — envolvidos em determinada violação da lei, como distinta da proporção de negros ou outros na população em geral, é suficiente para

104

O MUNDO DOS NÚMEROS

fazer com que as acusações de perseguição racial prevaleçam politicamente, a despeito de sua inconsistência com a lógica ou com as evidências.

Alguns estatísticos profissionais se recusam a se envolver em questões de "perseguição racial". Como explicou um professor de criminologia da Carolina do Norte, "os bons estatísticos estavam erguendo as mãos e dizendo: 'Essa é uma batalha impossível de vencer. Não quero ser chamado de racista'."[18]

Entre outras consequências, muitos oficiais da lei também veem essa batalha como politicamente impossível de vencer e simplesmente desistem da imposição vigorosa da lei, pois os resultados poderiam arruinar suas carreiras e suas vidas. O resultado do recuo policial frequentemente é o aumento da criminalidade,[19] do qual os residentes cumpridores da lei em comunidades negras são as principais vítimas.

Algumas pessoas podem pensar que estão sendo amáveis com os negros quando concordam com alegações não substanciadas de "perseguição racial" pela polícia. Mas, como disse o eminente acadêmico negro Sterling A. Brown há muito tempo, "a gentileza pode matar tanto quanto a crueldade, e jamais substitui o respeito genuíno".[20]

ERROS DE COMISSÃO

Erros estatísticos de comissão incluem unir dados sobre coisas fundamentalmente diferentes, como salários e ganhos de capital, produzindo números que são chamados simplesmente de "renda".

Também incluem discutir faixas estatísticas como se representassem um conjunto de seres humanos de carne e osso chamados de "os ricos", "os pobres" e "o 1% do topo", por exemplo, e usar pesquisas para tratar de questões reais que as limitações inerentes à pesquisa a tornam incapaz de resolver.

DISCRIMINAÇÃO E DISPARIDADES

Ganhos de capital

Embora as estatísticas de renda individual evitem alguns dos problemas das estatísticas de renda domiciliar, ambos os conjuntos consideram renda 1) os salários anuais de determinado ano e 2) os ganhos de capital acumulados durante anos anteriores e então convertidos em dinheiro durante determinado ano. Tratar a renda obtida por alguns indivíduos durante vários anos como sendo o mesmo que a renda obtida por outros indivíduos em apenas um ano é como não conseguir distinguir maçãs de laranjas.

Os ganhos de capital assumem muitas formas em muitos tipos diferentes de transação. Essas transações vão da venda de ações e títulos que podem ter sido comprados anos antes à venda de uma casa ou negócio que aumentou de valor durante os anos.

Se uma fazenda foi comprada por 100 mil dólares e, vinte anos mais tarde — depois que o fazendeiro construiu celeiros e cercas e fez outras melhorias na terra e nas estruturas —, é vendida por 300 mil dólares, isso resultará em um aumento líquido de 200 mil dólares na renda do fazendeiro no ano da venda. Estatisticamente, esses 200 mil dólares obtidos durante um período de vinte anos serão registrados do mesmo modo que um salário de 200 mil dólares obtido por alguém em apenas um ano.

Olhando para trás, o fazendeiro na realidade obteve uma média de 10 mil dólares por ano durante vinte anos como aumento no valor da fazenda, através do investimento de tempo, trabalho e dinheiro. Olhando para a frente, ele não pode esperar obter outros 200 mil no ano seguinte, como pode alguém que ganha 200 mil por ano.

Os ganhos de capital em geral são registrados nas estatísticas de renda como sendo o mesmo que um salário anual, o que claramente não são. Nem tampouco existe alguma fórmula fácil para tornar salários e ganhos de capital comparáveis, porque ganhos de capital de diferentes indivíduos se acumulam durante diferentes períodos de tempo, antes de serem transformados em dinheiro em determinado ano.

O MUNDO DOS NÚMEROS

Se os ganhos de capital fossem igualmente presentes em todos os níveis de renda — digamos, se 10% de todas as fontes de renda fossem ganhos de capital —, as disparidades nas estatísticas talvez não fossem tão acentuadas. Mas, na realidade, baixas rendas anuais têm muito mais probabilidade de serem salários e altas rendas anuais têm muito mais probabilidade de serem ganhos de capital. Enquanto as pessoas que ganham 20 *mil* dólares por ano provavelmente obtêm isso de um salário, as que ganham 20 *milhões* em um ano provavelmente obtêm isso de ganhos de capital de um tipo ou de outro.

As taxas excepcionalmente altas de rotatividade das pessoas nos níveis muito altos de renda reforçam essa conclusão. Os dados do Internal Revenue Service mostram que metade das pessoas que ganharam mais de 1 milhão de dólares ao ano durante algum momento entre 1999 e 2007 fizeram isso somente *uma vez* nesses nove anos.[21]

Isso não significa que todos os outros na mesma faixa ganharam 1 milhão todos os anos. Outro estudo, também baseado em dados do imposto de renda, mostrou que menos de 13% dos americanos com as quatrocentas rendas mais altas do país estiveram mais que duas vezes nessa faixa entre 1992 e 2000.[22] As rendas mais altas usualmente são muito transitórias, reforçando a conclusão de que são ganhos de capital temporários, e não salários permanentes.

Tudo isso distorce as implicações das estatísticas de renda que tratam salários anuais e ganhos de capital de muitos anos como se fossem a mesma coisa. As afirmações sobre quanto da renda do país é recebida pelos 10% ou 1% do topo são feitas como se se tratasse de um conjunto de pessoas, quando, em função da alta taxa de rotatividade nas faixas de alta renda, pode haver milhares de pessoas entre as "primeiras quatrocentas" em apenas uma década. Quando a renda obtida por milhares de pessoas, é reportada estatisticamente como se tivesse sido recebida por centenas, há um exagero da disparidade de renda.

INFORMAÇÃO ADICIONAL: GANHOS DE CAPITAL E DESIGUALDADE

Um exemplo hipotético ilustra como as estatísticas de renda podem exagerar a desigualdade quando não fazem distinção entre 1) pessoas que recebem salários anuais em determinado ano e 2) pessoas que recebem ganhos de capital no mesmo ano, representando renda obtida em um período anterior.

Se, por exemplo, houver dez pessoas em uma faixa de renda mais elevada, com cada uma recebendo 500 mil dólares por ano, e dez pessoas em uma faixa de renda mais baixa, com cada uma recebendo 50 mil dólares por ano, pode parecer que há uma diferença de dez para um na renda das pessoas entre as duas faixas. Mas se somente uma das dez pessoas na faixa mais elevada receber 500 mil *todos os anos* em uma década, ao passo que as outras permanecem nessa faixa por apenas um ano da mesma década — o ano em que seus ganhos acumulados de capital são transformados em dinheiro —, então, dada a altíssima rotatividade das faixas de renda mais elevadas, a situação é muito diferente da que seria se as mesmas dez pessoas estivessem na mesma faixa durante todos os anos da década.

Se a maioria das pessoas na faixa de renda mais elevada tem um pico de um ano em sua renda com ganhos de capital e depois retorna a algum nível mais baixo que ainda pode estar acima da média nacional — digamos, uma renda individual de 100 mil dólares por ano —, então, durante uma década, a disparidade de renda entre as *pessoas* será substancialmente menor que a disparidade de renda entre *faixas de renda*.

O MUNDO DOS NÚMEROS

Nesse exemplo hipotético, se inicialmente houvesse nove pessoas na faixa de renda mais elevada recebendo 500 mil dólares cada no primeiro ano e 100 mil dólares cada nos nove anos subsequentes, isso resultaria em 1,4 milhão de dólares individualmente e 12,6 milhões coletivamente durante a década. O décimo membro da faixa superior, que permanece na mesma faixa durante toda a década, recebendo 500 mil ao ano todos os anos, tem uma renda total de 5 milhões. Somando-se tudo, são 17,6 milhões recebidos coletivamente em uma década pelas dez pessoas que inicialmente estavam na faixa mais elevada.

Todavia, entre as dez pessoas na faixa de renda mais baixa recebendo 50 mil dólares por ano, tanto inicialmente quanto durante a década, somam-se 500 mil dólares cada em uma década, com uma renda total de 5 milhões de dólares como grupo. Com as dez pessoas que inicialmente estavam na faixa mais elevada recebendo 17,6 milhões e as dez pessoas que inicialmente estavam na faixa mais baixa recebendo 5 milhões, a disparidade de renda entre as *pessoas* é de menos de quatro para um, ao passo que a disparidade entre suas respectivas *faixas* de renda é de dez para um.

Isso porque nove das dez pessoas na faixa mais elevada são substituídas todos os anos por alguém tendo um pico de renda com ganhos de capital, de 500 mil dólares nesse exemplo. Considerando-se todas as 91 pessoas que passam pela faixa de renda mais elevada durante algum momento da década, sua renda média anual é menos de *três* vezes a renda média anual das pessoas na faixa de renda mais baixa.[23]

Embora esse exercício assuma, por questões de simplicidade, que as pessoas na faixa mais baixa têm renda constante

> durante toda a década, os dados do mundo real mostram que a renda das pessoas nas faixas inferiores usualmente cresce mais acentuadamente com o tempo que a das pessoas nas faixas superiores.[24] Isso torna a disparidade de renda entre as pessoas das duas faixas ainda menor que no exemplo.
>
> Um exemplo hipotético não pode tencionar ser uma réplica exata do mundo real. O que se pretende é meramente ilustrar como, em uma aproximação dessas condições, a disparidade entre faixas de renda pode ser muito maior que a disparidade entre seres humanos de carne e osso.

Disparidades étnicas e raciais

Ao tentar determinar as razões para as disparidades econômicas e sociais entre negros e brancos, alguns observadores as atribuem primariamente a políticas e práticas externas à comunidade negra, enquanto outros as atribuem a diferenças internas de comportamento entre americanos negros e brancos.

Tentando solucionar essa questão, o sociólogo William Julius Wilson se apoiou firmemente em estatísticas de pesquisas de opinião. De acordo com ele, essas pesquisas mostram que "quase todos os residentes de guetos, empregados ou não, apoiam as normas da ética de trabalho".[25] Em certa pesquisa, "menos de 3% dos respondentes negros dos setores censitários pobres dos guetos negou a importância do trabalho duro para progredir na sociedade e 66% expressaram a visão de que é muito importante".[26]

Depois de admitir que "questionários não são a melhor maneira de se chegar às atitudes e aos valores subjacentes",[27] o professor Wilson mesmo assim apresenta — como refutação das "percepções da mídia sobre 'valores e atitudes das classes desfavorecidas'" em guetos urbanos — o fato de que "residentes de guetos urbanos endossam verbalmente, em vez de minar, os valores americanos básicos relacionados à iniciativa individual".[28]

O MUNDO DOS NÚMEROS

A despeito da confiança de William Julius Wilson nas opiniões de pesquisa para refutar as alegações de que os residentes de guetos têm valores culturais diferentes do restante da população americana, não há correlação necessária entre o que as pessoas dizem e o que fazem. Uma pesquisa entre pessoas de baixa renda realizada por estudiosos da Universidade de Colúmbia mostrou que 59% dessas pessoas consideravam a compra a prazo uma má ideia. Ainda assim, "a maioria das famílias usa compras a prazo para adquirir os principais bens duráveis".[29]

A diferença entre os resultados das pesquisas e as realidades demonstráveis também foi indicada pelo autor de *Era uma vez um sonho*: "Em uma recente pesquisa do Instituto Gallup, moradores do sul e do meio-oeste relataram as mais altas taxas de comparecimento à igreja do país. Todavia, o *real* comparecimento à igreja é muito mais baixo no sul."[30] Ele também descobriu que uma pesquisa indicando que brancos da classe operária trabalhavam mais horas que brancos com nível superior era "demonstravelmente falsa".[31] Os responsáveis pela pesquisa "perguntaram às pessoas o que elas achavam. A única coisa que seu relatório prova é que muitas pessoas falam mais sobre trabalhar do que realmente trabalham".[32]

Se alguém sem pretensões de erudição acadêmica consegue ver a tênue relação entre os resultados dos questionários e as realidades da vida, é difícil entender por que o professor Wilson se baseou neles para decidir sobre uma questão tão crucial quanto as fontes internas ou externas das diferenças raciais em resultados socioeconômicos.

Os economistas tendem a se apoiar mais na "preferência revelada" que nas declarações verbais. Ou seja, o que as pessoas *fazem* revela quais são seus valores melhor que o que elas *dizem*. Mesmo quando as pessoas dão respostas honestas, expressando aquilo em que sinceramente acreditam, suas concepções sobre trabalho duro, por exemplo, não precisam coincidir com as de outras pessoas, mesmo que todas usem as mesmas palavras.

Quando estudantes negros na abastada Shaker Heights passaram menos tempo fazendo deveres de casa que seus colegas brancos, e mais

DISCRIMINAÇÃO E DISPARIDADES

tempo assistindo televisão,[33] essa foi sua preferência revelada. E americanos negros ou brancos não são os únicos grupos com diferentes preferências reveladas. Na Austrália, por exemplo, estudantes chineses passaram mais que o dobro do tempo fazendo deveres de casa que estudantes brancos.[34]

Quão surpreendente deveria ser o fato de que estudantes asiáticos em geral tendem a se sair academicamente melhor que estudantes brancos em geral, *em sociedades predominantemente brancas* como Austrália, Grã-Bretanha ou Estados Unidos? O mesmo padrão pode ser visto entre nações. Países asiáticos como Japão, Coreia e Singapura demonstram padrões de trabalho duro por parte de seus estudantes e resultados acadêmicos em testes internacionais que os colocam bem acima da maioria das nações ocidentais.[35]

As estatísticas compiladas a partir do que as pessoas dizem podem ser piores que inúteis, se levarem à crença de que descrevem uma realidade na qual é possível se apoiar para tomar sérias decisões sobre políticas sociais.

Incidentalmente, a alta correlação entre a quantidade de esforço que diferentes grupos dedicam à educação e a qualidade de seus resultados não é um bom presságio para as teorias de determinismo genético. Quando encontrarmos raças cujos estudantes preguiçosos consigam resultados educacionais superiores aos dos estudantes esforçados de outras raças, teremos evidências suportando essa hipótese, mas por ora elas não parecem estar disponíveis.

Salário mínimo e desemprego

Uma das mais importantes áreas nas quais os questionários causaram grandes danos foi ao se tentar resolver as diferenças de opinião quanto aos efeitos do salário mínimo sobre o desemprego. Defensores do salário mínimo argumentam que ele aumenta a renda dos pobres, enquanto os críticos afirmam que faz com que mais pobres fiquem desempregados, pois trabalhadores de baixa renda tendem a possuir menos habilidades profissionais e/ou experiência, fazendo com que os empregadores só achem válido

O MUNDO DOS NÚMEROS

contratá-los por baixos salários. A despeito da abundância de estatísticas detalhadas sobre o desemprego, essa controvérsia existe há gerações.

Parte do problema é que, como vimos em outros contextos, a maioria do que chamamos de "pobres" não permanece nas faixas mais baixas de renda, não mais que quaisquer outras pessoas em outras faixas. Grande parte dos trabalhadores que recebem salário mínimo é jovem, e, é claro, eles deixam de ser jovens com o passar dos anos. Assim, quando as pessoas dizem, como o senador Ted Kennedy, que "os trabalhadores que recebem salário mínimo esperam há quase dez anos por um aumento",[36] elas não estão falando de um conjunto determinado de seres humanos, mas de uma categoria estatística que contém uma mistura sempre diferente de pessoas.

Como os jovens são usualmente, e quase que por definição, profissionais menos experientes, seu valor para um potencial empregador tende a ser menor que o de profissionais mais experientes na mesma linha de trabalho. Alguns jovens adquirem habilidades profissionais valiosas pela educação, mas a educação também leva tempo, e as pessoas envelhecem com o tempo.

O que trabalhadores jovens e inexperientes frequentemente adquirem em empregos de início de carreira é o hábito de ir trabalhar todos os dias, cumprindo a rotina, obedecendo os horários, seguindo as instruções e se adaptando aos colegas. Por mais simples que essas coisas possam parecer, sua ausência pode negar quaisquer outras qualidades que um jovem profissional possa ter.

Depois de ter adquirido experiência em algum cargo simples de início de carreira, a maioria dos jovens passa para empregos nos quais a experiência profissional de qualquer tipo pode ser um pré-requisito para a contratação.

Altas taxas de rotatividade de funcionários, às vezes passando dos 100% ao ano, são comuns em muitos cargos iniciais no setor varejista e em restaurantes fast-food.[37] Esses empregos são degraus para outros, com outros empregadores, embora alguns observadores falsamente os chamem de "becos sem saída".

Se as pessoas de fato permanecessem em tais empregos, que usualmente não possuem um plano de promoção, eles realmente seriam becos sem

DISCRIMINAÇÃO E DISPARIDADES

saída. Mas, sabendo-se que a permanência no emprego de funcionários de supermercado é de em média 97 dias, esse claramente não é o caso.[38]

Como a maioria das coisas em uma economia de mercado, trabalhadores inexperientes e sem habilidades profissionais estão em maior demanda a um preço menor. As leis de salário mínimo, com remuneração baseada no que terceiros gostariam que ganhassem, em vez de na produtividade, podem deixar os trabalhadores sem habilidades desempregados, em função de seu preço.

Essa análise econômica tradicional foi desafiada pelos defensores das leis de salário mínimo, e os dados das pesquisas de opinião foram parte importante desse desafio.

Em 1945, o professor Richard A. Lester, da Universidade de Princeton, enviou questionários aos empregadores perguntando como responderiam a custos trabalhistas mais altos. As respostas, que não seguiam as linhas da análise econômica tradicional, o convenceram de que tal análise estava incorreta ou não se aplicava às leis de salário mínimo.[39]

Entretanto, o que a análise econômica tradicional busca fazer é prever resultados econômicos, não o que as pessoas dirão em questionários. Além disso, resultados não são somente a fruição de crenças ou intenções, como vimos na discussão dos custos da discriminação.

Décadas depois do desafio do professor Lester à análise econômica tradicional, outros economistas de Princeton a desafiaram com base em pesquisas de opinião, embora, dessa vez, tenham enviado questionários aos empregadores antes e depois de um aumento do salário mínimo, perguntando em ambas as vezes quantos funcionários tinham. As respostas os convenceram de que o aumento do salário mínimo não reduzira a taxa de emprego. Consequentemente, eles e seus apoiadores declararam que a análise tradicional era um "mito".[40]

Críticas devastadoras às conclusões dos economistas de Princeton foram feitas por outros economistas, que desafiaram tanto a acurácia de suas estatísticas quanto a lógica de suas conclusões.[41] Mas, mesmo que essas estatísticas fossem acuradas, isso não solucionaria o principal problema das pesquisas de opinião em geral: o fato de que *só é possível entrevistar*

O MUNDO DOS NÚMEROS

os sobreviventes. E o que é verdadeiro para os sobreviventes pode não ser verdadeiro para os que não sobreviveram nessas circunstâncias particulares.

Um exemplo hipotético extremo pode ilustrar um ponto que também é aplicável a situações menos extremas. Se você desejasse determinar se jogar roleta-russa é perigoso através de uma pesquisa, poderia enviar questionários para todos os indivíduos que sabidamente jogaram roleta-russa, pedindo informações sobre seus resultados.

Depois que os questionários fossem devolvidos e as respostas tabuladas, a conclusão das estatísticas poderia ser de que ninguém se feriu. Nem todos os questionários teriam sido devolvidos, mas isso não é incomum nesse tipo de pesquisa. Baseando-se nesses dados estatísticos, você poderia muito bem concluir que invalidara o "mito" de que jogar roleta-russa é perigoso. Esse é o tipo de resultado que se pode obter quando se entrevista apenas os sobreviventes.*

No caso dos estudos sobre o salário mínimo, se todas as empresas de uma indústria fossem idênticas, qualquer redução da taxa de emprego resultante da imposição de um salário mínimo ou do aumento do salário mínimo existente representaria uma redução da taxa de emprego em todas as empresas. Mas, no caso mais comum, no qual algumas empresas de determinada indústria são bastante lucrativas, algumas são menos lucrativas e outras lutam para sobreviver, o desemprego resultante de um salário mínimo pode expulsar algumas empresas em dificuldades do mercado, uma vez que os custos trabalhistas se tornam mais altos e os lucros mais problemáticos.

As únicas empresas que podem ser entrevistadas para se obter dados sobre a taxa de emprego, tanto antes quanto depois de o salário mínimo ser imposto

---

* O professor George J. Stigler, em uma crítica à pesquisa do professor Lester publicada não muito depois da Segunda Guerra Mundial, observou que "por uma lógica paralela, pode-se mostrar, através de um inquérito sobre a saúde dos veteranos de 1940 a 1946, que nenhum soldado foi fatalmente ferido". George J. Stigler, "Professor Lester and the Marginalists", *American Economic Review*, vol. 37, n. 1 (março de 1947), p. 157.

DISCRIMINAÇÃO E DISPARIDADES

ou aumentado, são as que estão presentes em ambos os períodos — ou seja, as sobreviventes. Se houve diminuição líquida no número de empresas, o emprego nas sobreviventes não precisa ter diminuído, independentemente do declínio do emprego na indústria como um todo. As empresas sobreviventes são como as pessoas que sobreviveram à roleta-russa, que podem muito bem ser a maioria em ambos os casos, embora não uma maioria indicativa.

Empiricamente, um estudo sobre os efeitos do salário mínimo sobre o emprego em restaurantes da área da baía de São Francisco descobriu que a principal consequência foi que alguns restaurantes precisaram fechar as portas e houve redução no número dos que foram inaugurados para substituí-los. Os que fecharam eram primariamente de baixa qualidade. O emprego em restaurantes cinco estrelas não foi afetado.[42]

Também em Seattle, a resposta ao aumento do salário mínimo local foi o fechamento de alguns restaurantes.[43] Um estudo publicado pelo Departamento Nacional de Pesquisas Econômicas mensurou o emprego por horas de trabalho e pelo número de trabalhadores empregados e concluiu que "a regulamentação do salário mínimo diminuiu os ganhos dos empregados em uma média de 125 dólares ao mês em 2016".[44] Assim, o aumento teórico da renda por meio do aumento do salário mínimo se tornou, no mundo real, uma *diminuição* significativa da renda.

Outro problema de tentar determinar o efeito do salário mínimo sobre o desemprego é que a proporção da força de trabalho diretamente afetada por ele muitas vezes é pequena. Consequentemente, o desemprego entre essa fração da força de trabalho pode desaparecer em meio às flutuações da taxa de desemprego entre o número geral de funcionários.

Esse problema é menor em situações nas quais a maioria dos funcionários recebe um salário baixo o suficiente para ser diretamente afetado pelas leis de salário mínimo. Mas é pouco provável que restaurantes cinco estrelas contratem adolescentes inexperientes para servir mesas, mesmo que lanchonetes como McDonald's ou Burger King frequentemente tenham adolescentes trabalhando no balcão.

O MUNDO DOS NÚMEROS

Maneiras alternativas de avaliar o efeito do salário mínimo sobre o desemprego incluiriam reunir dados restritos aos trabalhadores inexperientes e sem habilidades profissionais diretamente afetados, como adolescentes. Já vimos, no capítulo 2, como as leis de salário mínimo afetam tanto o desemprego entre jovens em geral quanto as disparidades raciais nas taxas de desemprego entre eles.

Ainda outra maneira de avaliar o efeito das leis de salário mínimo sobre o desemprego seria reunir dados em lugares e épocas nos quais elas não existiam, a fim de que as taxas de desemprego pudessem ser comparadas com as dos lugares e épocas nos quais as leis estavam presentes, especialmente em sociedades comparáveis ou, idealmente, na mesma sociedade e na mesma era, antes e depois das leis.

Ao focar em jovens em geral ou jovens negros em particular, é possível ver os efeitos mais clara e precisamente, uma vez que eles são os trabalhadores sobre os quais as leis exercem maior impacto, pois formam uma população carente de educação, habilidades profissionais e experiência e, consequentemente, recebem salários especialmente baixos. Além disso, há extensas estatísticas sobre o que aconteceu a essas populações no mercado de trabalho desde o fim dos anos 1940 até o presente.

O mais impactante em relação às estatísticas de desemprego entre jovens americanos no fim dos anos 1940 é que 1) elas eram apenas uma fração do que nos acostumamos a ver nas últimas décadas e 2) havia pouca ou nenhuma diferença entre as taxas de desemprego de jovens negros e brancos.

As taxas internacionais de desemprego foram marcadamente mais baixas em épocas e lugares nos quais nem governos nem sindicatos estabeleceram a maior parte dos salários. As nações mais modernas possuem leis de salário mínimo, mas as poucas que não possuem tendem a ter taxas de desemprego visivelmente menores. Essas nações incluem Suíça e Singapura hoje e Hong Kong sob o governo inglês, antes de seu retorno para a China em 1997. Também não havia lei de salário mínimo nos Estados Unidos antes da Lei Davis-Bacon de 1931, que teve impacto sobre a indústria de construção.

DISCRIMINAÇÃO E DISPARIDADES

Quanto aos dados concretos sobre as taxas de desemprego nesses lugares e épocas, a revista *The Economist* relatou em 2003: "O desemprego na Suíça chegou ao auge de cinco anos, atingindo 3,9% em fevereiro."[45] Mas esse "auge" (para a Suíça) na taxa de desemprego retornou a normais (para a Suíça) 3,1% nos últimos anos.[46]

Em 2013, a taxa de desemprego em Singapura era de 2,1%.[47] Em 1991, quando ainda era colônia inglesa, Hong Kong não possuía leis de salário mínimo e sua taxa de desemprego ficava abaixo de 2%.[48] Nos Estados Unidos, a última administração sem leis federais de salário mínimo em qualquer época foi a Coolidge nos anos 1920. Durante os últimos quatro anos do presidente Coolidge no cargo, a taxa anual de desemprego variou entre 4,2% e 1,8%.[49]

E, mesmo assim, as discussões sobre leis de salário mínimo, inclusive entre acadêmicos, frequentemente são baseadas em intenções e efeitos presumidos, e não nas evidências empíricas das consequências reais.

IMPLICAÇÕES

Sobre a questão mais ampla dos erros estatísticos em geral, sejam de omissão ou comissão, eles frequentemente parecem apoiar uma visão social particular. Isso sugere a possibilidade de que a defesa de uma causa social possa afetar a maneira como a causalidade é percebida ou apresentada.

Mesmo na ausência de tais preocupações, a ênfase em complexas análises estatísticas em economia e outros campos — por mais valiosas, ou mesmo vitais, que possam ser em muitos casos — pode levar a ignorar questões simples, porém fundamentais, sobre se os números nos quais tais análises complexas são baseados estão de fato medindo o que parecem ou afirmam estar.

Estatísticas de "renda" que agrupam salários anuais e ganhos de capital ao longo dos anos são apenas um de muitos conjuntos estatísticos que poderiam receber muito mais escrutínio nesse nível fundamental, especialmente se leis e políticas que afetam milhões de seres humanos fossem baseadas em suas conclusões.

118

O MUNDO DOS NÚMEROS

Mais amplamente, a validade dos números em geral frequentemente depende da confiabilidade das *palavras* que descrevem o que tais números estão medindo. Estatísticas sobre impostos, por exemplo, podem ser muito enganosas quando as mudanças são descritas em termos como "aumento de 300 bilhões de dólares" ou "queda de 300 bilhões de dólares".

Na realidade, tudo o que o governo pode fazer é mudar a *alíquota* tributária. Quanta *receita* isso produz depende de como as pessoas reagem. Houve épocas nas quais alíquotas mais altas produziram menos arrecadação, e outras nas quais alíquotas mais baixas produziram mais arrecadação.

Nos anos 1920, por exemplo, a alíquota tributária sobre as maiores rendas foi reduzida de 73% para 24% e a *receita* tributária aumentou substancialmente, especialmente nas faixas mais elevadas. Sob a antiga e mais elevada alíquota, vastas somas de dinheiro dos investidores abastados eram protegidas em ações isentas de impostos, como títulos municipais, em um total que se estimava ser três vezes o orçamento federal anual e mais da metade da dívida nacional.[50]

Ações isentas de impostos tendem a não oferecer uma taxa de retorno sobre o investimento tão alta quanto aquelas cujos lucros são taxados. O que isso significou foi que alíquotas suficientemente mais baixas tornaram rentável para os investidores tirar seu dinheiro dos abrigos tributários e investi-lo na economia de mercado, em que havia uma taxa mais elevada de retorno, deixando-os em melhor situação no balanço líquido, mesmo depois de pagar os impostos que evitavam antes.

Em termos de *palavras no papel*, a alíquota tributária oficial foi reduzida de 73% para 24% nos anos 1920. Mas, em termos de *eventos no mundo real*, a alíquota tributária realmente paga — sobre inacreditáveis somas de dinheiro previamente escondidas em abrigos tributários — *subiu* de 0 para 24%. Isso produziu grande aumento na receita arrecadada de pessoas de alta renda, tanto em termos absolutos quanto como porcentagem de toda a receita tributária,[51] visto que 24% de algo é mais que 73% de nada.

Reduções nas alíquotas em algumas administrações posteriores também levaram a aumentos da receita tributária.[52] Como exemplo, uma matéria

DISCRIMINAÇÃO E DISPARIDADES

de primeira página do *New York Times* em 9 de julho de 2006 noticiou: "Um aumento inesperadamente acentuado da receita com arrecadação de corporações e dos abastados está diminuindo o déficit orçamentário projetado para este ano."[53]

Por mais inesperado que o aumento da arrecadação depois da diminuição das alíquotas tenha sido para o *New York Times*, outros que acompanhavam a história econômica sabiam que isso já acontecera em administrações de ambos os partidos políticos. Mas nenhum desses fatos fez a menor diferença para aqueles que continuaram a chamar a redução de alíquotas de "cortes tributários para os ricos", apesar de as pessoas de alta renda terem gerado mais receita que antes. A própria possibilidade de que alíquotas e arrecadações possam se mover em direções opostas raramente é mencionada na mídia, o que constitui um erro crucial de omissão.

Similarmente, as pessoas que discutem *aumentar* o salário mínimo estabelecido pelo governo falam como se isso naturalmente significasse *aumento* de renda para os trabalhadores com os menores salários, um aumento de 10 para 15 dólares por hora, por exemplo. Na realidade, para milhões de jovens inexperientes e sem habilidades profissionais, isso pode significar que os salários na verdade *cairão* de 10 dólares por hora para 0 quando eles forem incapazes de conseguir emprego. Mesmo aqueles que têm e mantêm empregos podem terminar com rendas mais baixas, como resultado de haver menos horas de trabalho disponíveis depois do aumento do salário mínimo, como mostrou um estudo do Departamento Nacional de Pesquisas Econômicas realizado em Seattle em 2016.[54]

As estatísticas são imensamente importantes. Mas as palavras usadas para descrevê-las também são. A menos que estejamos preparados para parar e pensar para além das palavras, chegando às realidades, é muito provável que sejamos manipulados e soterrados por uma inebriante mistura de números e retórica.

5.

Visões sociais e consequências humanas

Muitas pessoas podem esperar que discussões sobre disparidades econômicas e sociais terminem com "soluções", usualmente algo que o governo pode criar, institucionalizar, equipar e pagar com o dinheiro dos contribuintes.

O objetivo aqui é inteiramente diferente. Jamais houve escassez de pessoas ávidas para criar projetos a fim de gerenciar as vidas de outras pessoas. Mas qualquer "solução", por mais válida que seja em determinado momento e sob certas condições, está sujeita à obsolescência em algum momento posterior, sob condições diferentes.

Minha esperança é que o esclarecimento é menos perecível e pode ser aplicado tanto às questões já existentes quanto às novas questões relacionadas a disparidades econômicas e sociais que certamente surgirão com o tempo. Dadas as limitações da profecia, tentarei fornecer esclarecimentos suficientes para que outros cheguem a suas próprias conclusões sobre as inevitáveis alegações e contra-alegações que certamente serão feitas por aqueles que promovem suas próprias noções ou seus próprios interesses.

DISCRIMINAÇÃO E DISPARIDADES

A FALÁCIA INVENCÍVEL

No cerne de muitas discussões sobre as disparidades entre indivíduos, grupos e nações está a aparentemente invencível falácia de que os resultados dos empreendimentos humanos seriam iguais, ou ao menos comparáveis e aleatórios, se não houvesse intervenções tendenciosas, por um lado, ou deficiências genéticas, por outro. Essa preconcepção, que se estende por todo o espectro ideológico, desafia profundamente tanto a lógica quanto as evidências empíricas encontradas no mundo durante milênios da história registrada.

Como observado no capítulo 1, os pré-requisitos individuais para o sucesso em vários empreendimentos podem ter uma distribuição mais ou menos normal, como em uma curva em sino, mas isso *não* significa que a presença simultânea de *todos* os pré-requisitos também terá distribuição normal. Seja entre seres humanos ou na natureza, distribuições altamente assimétricas de resultados com múltiplos pré-requisitos têm sido comuns em todo o mundo. Mesmo assim, persiste a falácia de que distribuições assimétricas de renda, emprego e outros resultados sociais demonstram discriminação ou deficiência genética.

A espécie humana pode ser dividida e subdividida de muitas maneiras: por raça, sexo, idade, ordem de nascimento, configurações geográficas (povos litorâneos comparados a povos interioranos; povos das montanhas comparados a povos vivendo nos vales dos rios) e assim por diante. Entre todas essas subdivisões, e outras mais, grandes disparidades de resultado têm sido a regra, não a exceção.

A renda *per capita* real atingida pela Grã-Bretanha em 1880 só foi atingida pela Espanha em 1960 e por Portugal em 1970 e, nessas datas tardias, a renda *per capita* real na Espanha e em Portugal não chegava à metade da renda na Grã-Bretanha contemporânea.[1] Durante séculos, as taxas de homicídio na Europa Oriental foram um múltiplo das taxas de homicídio na Europa Ocidental, e as taxas de homicídio em diferentes regiões dos Estados Unidos também diferiram por algum múltiplo.[2]

122

VISÕES SOCIAIS E CONSEQUÊNCIAS HUMANAS

Contudo, a Grã-Bretanha não tem o poder de suprimir o desenvolvimento econômico da Espanha ou de Portugal, assim como a Europa Ocidental não tem o poder de aumentar as taxas de homicídio na Europa Oriental. Disparidades não implicam discriminação. Mas a discriminação tampouco está automaticamente excluída. Ela é uma de muitas possibilidades, cada uma das quais precisa estabelecer suas alegações com evidências, em vez de ser uma suposição automática.

Como já mencionado, mesmo fenômenos naturais como terremotos, raios e tornados apresentam distribuições altamente assimétricas pelo mundo, assim como no interior do mesmo país. Tempestades são vinte vezes mais frequentes no sul da Flórida que no litoral da Califórnia, por exemplo.[3] Mais da metade dos gêiseres do mundo inteiro ficam no Parque Nacional de Yellowstone.[4] A Ásia tem mais de setenta montanhas com mais de 6 mil metros de altura, e a África não tem nenhuma.[5]

A litania de resultados altamente assimétricos, tanto entre seres humanos quanto na natureza, é quase ilimitada.[6] Apesar disso, persiste a suposição implícita de que resultados iguais, ou ao menos comparáveis, deveriam existir entre diferentes grupos de pessoas, a não ser que houvesse intervenções adversas contra alguns ou deficiências genéticas entre outros.

Essas não são apenas questões teóricas. Suas ramificações têm impacto sobre leis e políticas. A Suprema Corte dos Estados Unidos consagrou a falácia prevalente na forma de seu padrão de "impacto desproporcional" para presumir discriminação. Todavia, a simples diferença de idade média entre grupos, variando em uma ou mais décadas, é suficiente para impedir a representação proporcional em ocupações que requerem longos anos de experiência ou a vitalidade física da juventude, mesmo que tais grupos sejam absolutamente idênticos em todos os outros aspectos.

Disparidades etárias existem tanto entre nações quanto entre indivíduos. Há mais de vinte nações com idade média de 40 anos e mais de vinte outras com idade média abaixo de 20 anos.[7] Quão racional seria esperar que tais grandes e significativas diferenças de experiência

DISCRIMINAÇÃO E DISPARIDADES

adulta gerassem produtividade econômica igual ou mesmo comparável? E, entre nações, assim como entre indivíduos, existem muitas diferenças além da etária.

Defensores da "justiça social", no sentido de resultados iguais ou comparáveis, agem como se eliminar discriminações raciais, sexuais ou quaisquer outras no nível do grupo fosse produzir alguma aproximação desse ideal. Mas e quanto às implicações do fato de que a maioria das pessoas nas prisões americanas foi criada por um ou nenhum dos pais?[8] Isso sem mencionar a dimensão *qualitativa* da criação, embora saibamos que as diferenças educacionais entre os pais demonstraram correlação com as diferenças nos resultados educacionais e profissionais dos filhos, mesmo quando esses filhos são todos homens com QI na faixa superior de 1%.[9]

Às vezes, uma única e inconspícua diferença circunstancial pode causar uma grande e histórica diferença nos resultados humanos. Uma das catástrofes naturais mais monumentais do século XIX foi a fome na Irlanda devido a colheita ruim de batatas numa época em que elas eram o principal alimento dos irlandeses. Estima-se que a inanição e as doenças relacionadas à desnutrição tenham ceifado a vida de 1 milhão de pessoas, em um país com apenas 8,5 milhões de habitantes na época.[10] Estima-se também que quase 2 milhões de pessoas tenham fugido da Irlanda devastada pela fome em meados dos anos 1840 e 1850,[11] uma massiva perda populacional para um país tão pequeno. No entanto, o mesmo tipo de batata era cultivado nos Estados Unidos — onde o tipo irlandês se originou —, sem falhas na colheita.

A fonte dessa falha foi rastreada até chegarem a um fertilizante usado nas plantações de batata em ambos os lados do Atlântico. O fertilizante continha um fungo que floresceu no clima ameno e úmido da Irlanda, mas não nos verões quentes e secos de Idaho e outras áreas produtoras nos Estados Unidos.[12] Essa única diferença significou milhões de tragédias humanas e uma perda maciça de população da qual a Irlanda só se recuperou gerações mais tarde.

VISÕES SOCIAIS E CONSEQUÊNCIAS HUMANAS

Mesmo assim, fatores moralmente neutros parecem atrair muito menos atenção que fatores causais que geram ultraje moral, como discriminação e exploração. Mas nossas respostas emocionais nada dizem sobre o peso *causal* de diferentes fatores, por mais que possam modelar cruzadas políticas e iniciativas governamentais. Que fatores causais predominaram durante determinado momento ou em determinado local é uma questão empírica, independente de nossas emoções ou inclinações.

Aqueles que parecem estar prometendo um fim para as disparidades existentes como resultado das políticas que defendem talvez estejam prometendo algo que não podem cumprir, independentemente de quais sejam essas políticas. Além disso, o conflito entre os objetivos numéricos fervorosamente perseguidos e as tentativas repetidamente frustradas de chegar a eles possui consequências sociais, incluindo aquelas calamitosas para a sociedade como um todo, e talvez especialmente para os menos afortunados, que são os que mais sofrem quando a ordem social se desfaz em meio a inebriantes cruzadas.

Isso não significa que todas as tentativas de ajudar indivíduos ou grupos que ficaram para trás sejam fúteis. Ao contrário, muitas ascensões dramáticas da pobreza para a prosperidade e mesmo para a vanguarda das realizações humanas ocorreram em várias épocas em países de todo o mundo. Mas raramente ou nunca foram devido a políticas baseadas na falácia de presumir resultados iguais na ausência de discriminação grupal ou com base na suposição de uma similaridade fictícia entre as pessoas.

As consequências reais da visão social prevalente em nossa época não podem ser avaliadas com base em suas boas intenções ou mesmo em sua plausibilidade. O teste real é sobre o que acontece quando ela é aplicada e quais são as implicações de suas consequências sociais.

DISCRIMINAÇÃO E DISPARIDADES

Implicações educacionais

Entre as instituições nas quais a falácia prevalente cobra um tributo dolorosamente abrangente estão as escolas para minorias de baixa renda nos Estados Unidos (e escolas brancas de baixa renda na Inglaterra) nas quais jovens bandidos têm permissão para destruir a educação — e o futuro — dos outros estudantes ao transformar colegas e professores em alvos de interrupções, perseguições, ameaças e violências cotidianas.[13]

Nos Estados Unidos, as agências federais pressionaram e ameaçaram as escolas nas quais as estatísticas demonstravam que estudantes negros do sexo masculino eram disciplinados em níveis desproporcionais em relação aos outros estudantes. A invencível falácia de fundo triunfa sobre as mais patentes e desastrosas realidades bem em frente aos nossos olhos.

Mesmo colocando de lado quaisquer questões sobre as diferenças de capacidade ou potencialidade, há inescapáveis diferenças naquilo que as pessoas *querem* fazer. Alguém acredita seriamente que jovens asiáticos-americanos têm tanto interesse em basquete quanto jovens negros? Ou alguém duvida que seu menor interesse está relacionado à escassez de asiáticos-americanos entre os jogadores profissionais de basquete?

Diferenças no que indivíduos e grupos *querem* fazer e estão preparados para priorizar são frequentemente ignoradas por muitas políticas bem-intencionadas. As políticas educacionais de "não deixar nenhuma criança para trás", por exemplo, introduzidas durante a administração do presidente George W. Bush, ignoraram a dolorosa possibilidade de não haver desejo universal pela educação, como implicitamente assumido, e de o comportamento de *algumas* crianças desinteressadas impedir que *outras* crianças aprendam. Dadas essas realidades ignoradas, as crianças desordeiras ou violentas precisam ser separadas a fim de que as outras tenham a chance de receber uma educação decente.

Além disso, a necessidade de separar as crianças desordeiras e violentas independe de haver alguma "solução" atualmente disponível ou no hori-

VISÕES SOCIAIS E CONSEQUÊNCIAS HUMANAS

zonte para alterar seu comportamento. A alternativa é sacrificar a educação de infinitas gerações de crianças pobres e pertencentes às minorias até o momento indefinido no qual a "solução" para colegas de classe desordeiros ou violentos possa ser encontrada.

Os extraordinários sucessos educacionais de algumas redes de escolas charter em vizinhanças minoritárias de baixa renda[14] pode muito bem se dever, ao menos parcialmente, à autoclassificação de famílias que se importam o suficiente com uma educação melhor para fazer com que os filhos participem das loterias pelas quais os candidatos são admitidos nessas escolas.

Em resumo, crianças desordeiras e violentas são "deixadas para trás" nas escolas públicas, não obstante a abordagem da administração Bush. Essa é a "segunda melhor" opção quando a melhor — punir e/ou isolar explicitamente os estudantes desordeiros e violentos dos outros — é evitada por razões políticas ou ideológicas.

E esse problema não é peculiar aos Estados Unidos. Há algumas escolas na Inglaterra nas quais as salas de aula foram descritas como estando "à beira da anarquia na maior parte do tempo".[15] Em ambos os países, um sexto das crianças são analfabetas funcionais.[16] É um doloroso desperdício de potencial mental com o qual os pobres têm ainda menos condições de arcar.

De modo mais geral, os programas governamentais para transferir pessoas *em massa* de ambientes ruins para ambientes melhores a fim de aprimorar suas perspectivas de vida ignoram vastas evidências empíricas que demonstram que isso simplesmente não funciona em qualquer escala proporcional às consequências negativas para as pessoas em cujo meio são inseridas. Além disso, os que promovem tais programas usualmente se recusam a considerar a possibilidade — mesmo como hipótese testável — de ser precisamente a presença de pessoas com padrões ruins de comportamento o que torna o ambiente ruim e sua ausência de outros locais o que torna o ambiente melhor.

DISCRIMINAÇÃO E DISPARIDADES

Implicações políticas

A doutrina política mais espetacularmente bem-sucedida que tomou o poder em países de todo o mundo no século XX foi o marxismo, baseado na suposição implícita de que as diferenças econômicas se deviam ao fato de os capitalistas ficarem ricos ao manter os trabalhadores pobres, por meio da "exploração".

Essa versão da falácia invencível aparentemente pareceu plausível para pessoas de muitos países e culturas diferentes. Mas, se a riqueza dos capitalistas ricos viesse da exploração dos trabalhadores pobres, seria plausível esperar que onde houvesse grandes concentrações de capitalistas ricos, houvesse concentrações correspondentemente grandes de pobreza.

No entanto, os fatos concretos apontam na direção oposta. Os Estados Unidos têm cinco vezes mais bilionários que a África e o Oriente Médio juntos[17] e, mesmo assim, a maioria dos americanos — incluindo os que vivem abaixo da linha oficial de pobreza — possui um padrão de vida muito mais alto que as populações da África e do Oriente Médio. Seria difícil encontrar um único país governado por marxistas no qual o padrão de vida da classe trabalhadora fosse tão alto quanto o da classe trabalhadora em vários países capitalistas.

Isso a despeito de o primeiro e maior dos países declaradamente marxistas, a então União Soviética, ser uma das nações mais ricas do mundo, se não *a* mais rica, em recursos naturais.[18] Porém, o padrão de vida das pessoas comuns na União Soviética não chegava nem perto do padrão de vida médio das pessoas comuns na maioria da Europa Ocidental, nos Estados Unidos ou na Austrália. Mas aqui, como em outros casos, os fatos concretos foram repetidamente vencidos por visões estimulantes como as apresentadas em *O manifesto comunista*.

Outras doutrinas, não marxistas, foram construídas sobre a mesma fundação de suposições e também obtiveram triunfos políticos abrangentes durante o século XX, usualmente na forma de extensivos estados de bem-

VISÕES SOCIAIS E CONSEQUÊNCIAS HUMANAS

-estar social na segunda metade do século, com os anos 1960 sendo sua década crucial e triunfante.

O teste de hipóteses usualmente desempenhou papel muito pequeno nesses desenvolvimentos intelectuais, legais e políticos. Na verdade, acadêmicos que testaram as visões prevalentes contra os dados concretos e descobriram que tais visões eram falhas frequentemente tiveram que lidar com hostilidade e demonização, em vez de contra-evidências.[19] Tumultos para impedir que esses pesquisadores expusessem sua opinião desgraçaram muitos dos mais prestigiados campi acadêmicos dos Estados Unidos — na verdade, especialmente tais campi.[20]

Implicações sociais

Se essas fossem simplesmente competições intramuros entre a *intelligentsia*, haveria pouca razão para que outros se preocupassem com elas. Mas essas visões sociais, e mesmo suas palavras de ordem e o estilo verbal em que são discutidas, difundem-se para muito além daqueles que as criaram e elaboraram.

Ao tratar prisioneiros homicidas na Inglaterra, por exemplo, o médico Theodore Dalrymple descobriu que eles usavam as mesmas construções em voz passiva encontradas entre a *intelligentsia* ao discutir as patologias sociais. Os homicidas falando sobre seus crimes diziam coisas como "a faca entrou", em vez de dizer que haviam esfaqueado a vítima.[21]

Um eco da elite intelectual surgiu até mesmo em um antigo musical, *Amor, sublime amor*, no qual um personagem diz: "Sou depravado porque fui privado." Intelectuais se expressam de maneira mais sofisticada, mas dizem essencialmente a mesma coisa. Embora o que dizem possa ser uma hipótese plausível a ser testada empiricamente, frequentemente é tratado como fato estabelecido que não requer tais testes.

DISCRIMINAÇÃO E DISPARIDADES

Mas nem na Inglaterra nem nos Estados Unidos depravações como violência desenfreada e outras patologias sociais foram tão comuns entre as pessoas de baixa renda na primeira metade do século XX, quando sofriam mais privações, do que na segunda metade, quando o estado de bem-estar social as deixou em melhor situação material.

A importância das visões sociais vai muito além da retórica que geram. Em uma nação democrática, não pode haver estado de bem-estar social sem que primeiro prevaleça uma visão social que justifique sua criação ou expansão. Além disso, o triunfo dessa visão nas sociedades ocidentais durante os anos 1960 envolveu bem mais que o estado de bem-estar social em si.

Com a visão social prevalente veio uma abordagem menos crítica do comportamento, assim como o multiculturalismo, a diminuição do policiamento e das punições e a ênfase nas "partilhas justas" com base na demografia.

As razões para tais crenças foram elaboradas de várias maneiras por muitos indivíduos e grupos. O que foi elaborado menos frequentemente foram testes empíricos que validassem essas hipóteses, em termos dos resultados esperados ao se dar seguimento a essa visão *versus* o que realmente aconteceu.

Não se trata simplesmente do fato de que a visão social que expandiu enormemente o estado de bem-estar social e minou valores morais tradicionais tenha falhado em atingir todos os seus objetivos e gerado algumas consequências negativas. O que é particularmente saliente é que várias patologias sociais que vinham declinando — algumas por anos, décadas e mesmo séculos — tiveram súbita ressurgência quando essas novas e frequentemente autocongratulatórias ideias triunfaram política e socialmente nos anos 1960, em ambos os lados do Atlântico.

Nos Estados Unidos, as taxas de homicídio, doenças sexualmente transmissíveis e gravidez entre adolescentes estiveram entre as patologias sociais cujos acentuados declínios foram subitamente revertidos nos anos 1960, atingindo novas e trágicas alturas.[22] Depois de décadas de declínio,

130

VISÕES SOCIAIS E CONSEQUÊNCIAS HUMANAS

em 1960 as taxas de homicídio ficaram abaixo da metade do que haviam sido em meados dos anos 1930.[23] Mas sofreram reversão e dobraram de 1960 a 1980,[24] como consequência das novas restrições à imposição da lei, a fim de acompanhar a nova visão social.

Essas tendências e reversões de tendências não se restringiram aos Estados Unidos. Um tratado monumental sobre o declínio da violência mundial através dos séculos — *Os anjos bons da nossa natureza*, de Steven Pinker — mostrou que, na Europa, "as taxas de violência fizeram um retorno nos anos 1960", incluindo "um aumento das taxas de homicídio que as levaram de volta aos níveis dos quais haviam se despedido um século antes".[25]

Talvez os mais impactantes — e alarmantes — incrementos da violência e da desordem tenham ocorrido em lugares há muito conhecidos por seu comportamento cumpridor da lei, ordeiro e polido, com a Inglaterra sendo o exemplo mais proeminente.

O economista americano J. K. Galbraith estava em Londres em maio de 1945, quando uma multidão estimada em "200 ou 300 mil pessoas" — a maioria jovens — se reuniu para celebrar o fim da guerra na Europa. Ele escreveu para a esposa: "Como todas as multidões inglesas, comportou-se de modo majoritariamente ordeiro."[26]

Nos esportes, os competidores ingleses eram conhecidos por seu espírito esportivo. Em uma partida de futebol de 1953, por exemplo, o time que estava vencendo viu um jogador do time adversário virar o placar segundos antes do apito final, e todos os membros do time se levantaram e o aplaudiram. Mas, em meados dos anos 1960, tal espírito esportivo havia desaparecido, mesmo no clássico jogo britânico de cavalheiros, o críquete. Insultos vulgares passaram a ser comuns entre jogadores ingleses e de sociedades de origem inglesa, como a Austrália e a Nova Zelândia.[27]

A mesma degeneração social afetou a obediência à lei. Londres teve um total de apenas doze roubos à mão armada durante todo o ano de 1954, em uma época na qual qualquer um podia comprar uma arma de fogo.

DISCRIMINAÇÃO E DISPARIDADES

Mas, anos depois, os roubos à mão armada subiram para 1.400 em 1981 e 1.600 em 1991,[28] a despeito das restrições cada vez mais severas à compra de armas de fogo. Quanto às multidões ordeiras, em 2011 tumultos urbanos se espalharam por Londres, Manchester e outras cidades inglesas, envolvendo milhares de arruaceiros e saqueadores que colocaram fogo em casas e lojas, agrediram e roubaram pessoas nas ruas e lançaram bombas de gasolina em carros da polícia.[29]

O embrutecimento da vida assumiu outras formas na Inglaterra durante a era da nova visão social. Era comum que homens encontrados inconscientes nas ruas e levados para hospitais, depois de terem restabelecido sua saúde, insultassem a equipe médica que havia cuidado deles. Os insultos e a violência contra profissionais da medicina se tornaram tão comuns que o Serviço Nacional de Saúde colocou cartazes em suas instalações, advertindo que o comportamento violento e ameaçador em relação à equipe levaria a ações judiciais.[30]

Outras patologias sociais já existentes se expandiram, incluindo crianças sem pais e tumultos urbanos. Em 1960, dois terços das crianças americanas negras viviam com ambos os pais. Esse número diminuiu com o passar dos anos. Em 1995, somente *um terço* vivia com ambos os pais. Das outras crianças, 52% viviam com a mãe, 4% com o pai e 11% com nenhum dos dois.[31] Entre as famílias negras na pobreza, 85% das crianças não tinham pai presente.[32]

Embora as famílias brancas não tivessem uma proporção tão alta de crianças vivendo com apenas um dos pais nos anos 1960, a década marcou uma acentuada reversão no número de crianças brancas nascidas de mães solteiras, para níveis várias vezes superiores aos das décadas anteriores. Em 2008, quase 30% das crianças brancas nasceram de mães solteiras. Mais de 60% das mulheres brancas com menos de doze anos de educação tiveram filhos fora do casamento na primeira década do século XXI.[33]

Esses padrões sociais não são peculiares aos Estados Unidos, sendo comuns em várias sociedades ocidentais. Na Inglaterra e no país de Gales,

VISÕES SOCIAIS E CONSEQUÊNCIAS HUMANAS

por exemplo, 44% das crianças nasceram de mães solteiras em 2007. Outros países nos quais mais de 40% das crianças nasceram de mães solteiras incluem a França, a Suécia, a Noruega, a Dinamarca e a Islândia. Na maioria desses países, isso representou um grande aumento desde 1980.[34]

Tumultos urbanos nos Estados Unidos, que haviam sido esporádicos em anos anteriores, disseminaram-se em grandes ondas de costa a costa durante os anos 1960. Os padrões e desempenhos educacionais nas escolas americanas iniciaram um declínio de muitas décadas nesses mesmos anos, seja ele mensurado por resultados nos testes, avaliações dos estudantes pelos professores, relatos dos estudantes sobre o tempo que passavam estudando ou queixas dos empregadores sobre a falta de habilidades básicas entre os jovens que contratavam.[35]

Os fatores nos quais aqueles que partilhavam da visão social prevalente se baseavam para mensurar o sucesso educacional — mais investimentos na educação em geral e na integração racial dos negros em particular — se provaram de pouca ou nenhuma efetividade.

Raramente alguma era da história humana teve tendências exclusivamente negativas ou positivas. Talvez a mais citada realização americana nos anos 1960 seja a criação de leis e políticas de direitos civis que puseram fim às leis e políticas sulistas de discriminação racial, especialmente a Lei de Direitos Civis de 1964 e a Lei de Direito ao Voto de 1965.

Embora elas frequentemente sejam creditadas à visão social da esquerda política, na realidade uma porcentagem mais alta de republicanos que de democratas votou a favor dessas leis históricas.[36] Mas fatos que não se encaixam na visão prevalente tendem a ser simplesmente ignorados.

Muito do retrocesso social que ocorreu em ambos os lados do Atlântico é traçável até o dogma central da visão social prevalente de que resultados desiguais se devem ao tratamento adverso dos menos afortunados. Essa preconcepção se tornou fonte de atitudes, emoções e ações motivadas por ressentimentos, incluindo o que foi adequadamente chamado de comportamento "descivilizatório" em muitos contextos.[37]

DISCRIMINAÇÃO E DISPARIDADES

A despeito dos resultados mistos, no melhor dos casos, da nova visão social e das leis e políticas que dela fluíram, a imagem dos anos 1960 é celebrada na mídia, na política e na academia, especialmente por aqueles que participaram das cruzadas sociais. A resposta de um dos participantes de alto nível dessas cruzadas ao se encontrar com o autor Shelby Steele, que expressou ceticismo sobre essa era, não foi atípica:

> — Ouça — disse ele com irritação — *somente* o governo pode chegar àquele tipo de pobreza, uma pobreza profunda e entrincheirada. E não ligo para o que você diz. Se este país fosse decente, deixaria o governo tentar novamente.[38]

A tentativa de Shelby Steele de focar nas consequências reais de vários programas governamentais dos anos 1960 levou a uma resposta acalorada:

> — Caramba, nós *salvamos* este país! — disse ele, praticamente gritando. — Este país estava prestes a explodir. Havia tumultos por toda a parte. Hoje você pode olhar para trás e criticar, mas tínhamos de manter o país inteiro, meu amigo.[39]

Que um alto funcionário da administração Lyndon Johnson nos anos 1960 possa acreditar em coisas tão completamente contrárias aos fatos demonstráveis é sinal do poder de uma visão.

Sua alegação de que somente os programas governamentais podiam lidar efetivamente com a pobreza profunda foi contradita pelo simples fato de que a taxa de pobreza entre negros caiu de 87% em 1940 para 47% em 1960,[40] *antes* da grande expansão do estado de bem-estar social iniciado pela administração Johnson. Houve um declínio muito mais modesto da taxa de pobreza entre negros depois que começaram os massivos programas de "guerra contra a pobreza" dessa administração.

VISÕES SOCIAIS E CONSEQUÊNCIAS HUMANAS

Quanto aos tumultos nos guetos, nos anos 1940 e 1950, eles nunca foram tão numerosos nem tão violentos quanto nos anos 1960, quando a visão social por trás do estado de bem-estar social triunfou na política, nas instituições educacionais e na mídia. Nem houve números ou níveis similares de violência nos tumultos dos anos 1980, durante os oito anos da administração Reagan, na qual essa visão social foi repudiada.

Há muito mais aqui que simples inferências incorretas a partir dos dados demonstráveis feitas por um homem. Esse é um exemplo muitíssimo comum da habilidade de uma visão social de não apenas sobreviver, mas também prosperar em desafio às evidências empíricas.

"SOLUÇÕES"

Ninguém observando os fatos da vida pode olhar muito longe sem encontrar não apenas extremas disparidades de resultados, como também a difusa realidade da sorte. Alguns podem pensar nela em termos de terem nascido ricos ou pobres, negros ou brancos ou sob qualquer outra distinção social. Mas a sorte se estende muito além das categorias sociais convencionais, chegando ao nível individual.

Ninguém pode escolher que tipo de pais vai ter ou ser o primeiro ou o último a nascer, muito menos em que tipo de comunidade e com que tipo de cultura irá crescer. Mesmo assim, tais fatores totalmente fortuitos, do ponto de vista do indivíduo, podem ter grande influência sobre como será sua vida.

Como já comentado, um estudo sobre prisioneiros americanos descobriu que a maioria foi criada por um dos pais (43%) ou nenhum deles (14%).[41] Indicou-se em outro texto que crianças com um dos pais na prisão também terminam presas muito mais frequentemente que a população geral.[42] Similarmente, um estudo realizado na Grã-Bretanha descobriu que 27% dos prisioneiros haviam estado sob custódia protetora em algum momento da infância.[43]

DISCRIMINAÇÃO E DISPARIDADES

Se não temos controle sobre a sorte nem sobre o passado, é ainda mais importante nos concentrarmos nas coisas sobre as quais podemos ao menos esperar ter alguma influência, notadamente fornecendo incentivos que afetem o comportamento futuro.

A renda é um incentivo óbvio e, como afeta o comportamento econômico em muitos níveis, não devemos tratá-la como se fosse apenas um número que podemos mudar para se adequar a nossos desejos, sem considerar como isso modificará o comportamento e as consequências econômicas que se seguem dele. Tais consequências do comportamento modificado afetam a produtividade da qual o padrão de vida de toda a sociedade depende.

O mesmo é verdade para incentivos que afetam a criminalidade, incluindo imposição da lei e punição. Aqui, talvez mais do que nas questões e nos incentivos econômicos, a total ignorância dos fatos relevantes raramente parece inibir conclusões abrangentes e passionais.

Muitas pessoas que jamais enfrentaram os tipos de perigo inerentes à imposição da lei não hesitam em dizer que "força excessiva" foi usada contra alguém que resistia à prisão ou mesmo ameaçava a polícia. Do mesmo modo, pessoas que jamais atiraram na vida não hesitam em expressar choque e raiva porque "tantos tiros" foram disparados durante um encontro com um criminoso.*

Mesmo quando uma grande força policial chega à cena da ameaça, pondo fim à situação sem impor nenhuma força, os críticos frequentemente chamam isso de "reação exagerada" à ameaça, que jamais chegou a níveis perigosos. A possibilidade de que não tenha chegado a níveis perigosos precisamente porque havia uma grande força policial presente jamais parece lhes ocorrer.

Quanto à punição, a infância infeliz do criminoso não pode ser mudada, e se a pessoa que ele se tornou pode ou não mudar não é de modo

---

* Em uma nota pessoal, como alguém que já foi treinador de tiro com pistola no Corpo de Fuzileiros, não fico nem um pouco surpreso com o grande número de tiros disparados em tais situações.

136

VISÕES SOCIAIS E CONSEQUÊNCIAS HUMANAS

algum uma conclusão inevitável. Nem os perigos que representa para a segurança ou a vida de outras pessoas podem ser banidos simplesmente dizendo palavras tranquilizadoras como "reabilitação" ou "alternativas ao encarceramento".

Não se trata simplesmente de nossas escolhas, mas de nossas limitações inerentes. O que escolheríamos fazer se fôssemos oniscientes não é um guia para as escolhas dolorosamente limitadas que temos quando estamos muito longe da onisciência e "consequências não intencionais" negativas se tornaram tão comuns que viraram clichê.

Se e quando "reabilitação" deixar de ser uma palavra e se tornar um fato demonstrável com o qual possamos contar no futuro, seus benefícios poderão ser pesados contra os custos, como todo o restante. Esses custos incluem as inevitáveis falhas que acompanham qualquer empreendimento humano e se estendem para além dos recursos econômicos, traduzindo-se em vidas perdidas.

Quanto à sorte, ela também faz parte do passado irrevogável. Mas ter consciência sobre seu papel pode moderar a arrogância de alguns que foram bem-sucedidos e o ressentimento de outros que não foram e agora procuram um bicho-papão para culpar por sua condição, um bicho-papão prontamente fornecido por políticos, "líderes", ativistas e veículos de mídia.

Como não há nada mais fácil de encontrar que pecados entre seres humanos, sempre haverá indivíduos que disseram e fizeram coisas ruins e, consequentemente, são mais ou menos culpados pelos resultados ruins dos outros. Além disso, há sempre a falácia fundamental de que resultados devem ser iguais ou comparáveis na ausência de ações malignas contra os menos afortunados.

Aqui como em outros contextos, só podemos razoavelmente esperar exercer alguma influência no presente e no futuro. O máximo que podemos fazer com o passado é aprender com ele.

Esforços podem ser feitos para evitar que pessoas tenham infâncias danosas, mas os resultados de tais esforços dependem não simplesmente

DISCRIMINAÇÃO E DISPARIDADES

de quão fervorosamente desejamos melhores resultados, mas de nosso conhecimento, de nossos recursos e de nossa sabedoria, que não estão disponíveis de modo ilimitado e cujas deficiências podem levar não meramente ao fracasso, mas também a resultados contraproducentes, chegando a grandes desastres sociais.

No nível social, as mesmas severas e dolorosas limitações se aplicam quando buscamos corrigir os erros do passado. Quando a morte de vítimas e vitimadores os coloca completamente além de nosso poder, nossa frustração não pode justificar fazermos restituições simbólicas entre os vivos. Os custos de tais tentativas em todo o mundo foram escritas em sangue nas páginas da história.

Depois do irredentismo territorial que levou nações a massacrarem umas às outras em função de terras que tinham pouco ou nenhum valor em si mesmas, simplesmente porque já haviam pertencido a uma jurisdição política diferente numa época anterior à memória de qualquer pessoa viva, o que se deve esperar quando instilamos a ideia de irredentismo *social* a partir dos erros históricos cometidos contra outras pessoas?

Tais erros abundam em diversos lugares e diferentes épocas, infligidos e perpetrados por pessoas de todas as raças, credos e cores. Mas o que qualquer sociedade de hoje pode esperar obter ao fazer com que bebês entrem no mundo como herdeiros de ressentimentos pré-embalados contra outros bebês nascidos na mesma sociedade e no mesmo dia?

"Soluções" individuais

Muitas pessoas, reconhecendo que os menos afortunados geralmente não tiveram as mesmas oportunidades que elas, tendem a ser menos exigentes em relação aos padrões aplicados, especialmente no que diz respeito a qualidades não tão desenvolvidas no interior da cultura em que cresceram esses menos afortunados. Um jovem promissor, com muitas qualidades e

VISÕES SOCIAIS E CONSEQUÊNCIAS HUMANAS

grande potencial, pode ainda não ter adquirido o hábito da pontualidade, por exemplo. Uma postura generosa pode ser não criar confusão a respeito da tendência crônica desse jovem de chegar dez ou quinze minutos atrasado.

Talvez se possa defender a modificação do tom ou da maneira como tal pessoa é penalizada pelo atraso. Mas isso é muito diferente de dizer que a falta de pontualidade pode ser ignorada ou menos penalizada que no caso de alguém que veio de uma cultura mais afortunada e foi treinado desde cedo para chegar no horário. Novamente, isso faz parte de um passado sobre o qual nada podemos fazer, ao passo que as consequências futuras do que fazemos no presente são nossa real responsabilidade.

Tendo-se em vista que os futuros empreendimentos aos quais um jovem promissor com muitas qualidades pode aspirar provavelmente terão múltiplos pré-requisitos e a ausência de apenas um deles pode negar a presença de todos os outros, a decisão de ignorar sua deficiência em um desses pré-requisitos pode não ser um ato de gentileza quando se pensa nos efeitos sobre suas perspectivas.

Quanto mais um jovem ascender profissionalmente, maior será a probabilidade de conhecer pessoas de alto nível – para as quais tempo é dinheiro. Pessoas que não podem ser mantidas à espera sem consequências adversas para o futuro do jovem.

Do mesmo modo, afrouxar os padrões comportamentais no caso de uma criança que cresceu sem qualquer estrutura consistente de disciplina, em casa ou na escola, pode fazer com que quaisquer habilidades ou potencialidades que ela possua se tornem inúteis em uma ampla variedade de empreendimentos com múltiplos pré-requisitos que serão encontrados na vida adulta, se não antes.

Ser "compreensivo" ou "não julgar" um jovem com um background culturalmente limitado talvez pareça humano, mas pode ser o beijo da morte no que se refere a seu futuro. Algo tão simples quanto falar ou não inglês padrão pode abrir ou fechar as portas da oportunidade, especialmente nos níveis mais elevados de muitos campos. E, mesmo assim, há educadores que veem a ênfase no inglês padrão como uma estreiteza cultural desnecessária, se não racismo.

O linguista John McWhorter, por exemplo, saiu em defesa das escolas de gueto que querem usar "inglês negro" ao ensinar jovens negros. O professor McWhorter comparou "a opinião geral americana sobre o assunto", que considera que negros usam "muita gíria e gramática ruim",[44] com a maneira como linguistas julgam as línguas.

Usando esse último critério, ele descreve o "inglês negro" como linguagem tão coerente quanto o francês, o árabe e o chinês, línguas que possuem versões coloquiais diferentes das formais.[45] Quanto a por que muitos americanos veem o "inglês negro" de maneira negativa, McWhorter afirma: "Certamente racismo é parte da resposta",[46] mesmo que "o elemento racista em toda sua causticidade" não seja toda a história.[47]

O professor McWhorter tomou o partido dos educadores que disseram que o "inglês negro" pode ser usado nas escolas "como auxiliar no ensino de inglês padrão para crianças negras". Ele descreve o "inglês negro" como uma variante que as pessoas utilizam "além" do inglês padrão e que funciona como língua franca, de acordo com o subtítulo de seu livro.[48]

Esse retrato dos jovens dos guetos como bilíngues difere dolorosamente da realidade de seus abismais resultados em testes de inglês. Longe de ser uma língua franca que facilita a comunicação entre grupos, como John McWhorter o descreve, o "inglês negro" é uma *barreira* à comunicação com centenas de milhões de americanos, assim como com meio bilhão de pessoas em todo o mundo que falam inglês.

É uma devastadora constrição das futuras oportunidades disponíveis para os próprios jovens negros. Onde estão os livros de matemática, ciências, engenharia, medicina e inumeráveis outros temas escritos em "inglês negro"? A postura desafiadora do professor McWhorter de defender seus colegas negros e sua maneira de falar[49] contrasta dolorosamente com a realidade social de sacrificar o futuro de toda uma geração de jovens negros.

VISÕES SOCIAIS E CONSEQUÊNCIAS HUMANAS

Questões de linguagem não são peculiares aos negros ou aos Estados Unidos. Elas têm polarizado sociedades em todo o mundo, algumas a ponto de gerar tumultos e terrorismo, como na Índia, ou mesmo décadas de guerra civil, como no Sri Lanka.

Como as línguas da Europa Ocidental desenvolveram versões escritas séculos antes das línguas da Europa Oriental, em séculos passados a variedade de material escrito em línguas eslavas era muito mais limitada que a variedade em línguas da Europa Ocidental. Assim, uma criança tcheca do Império de Habsburgo no início do século XIX só podia estudar em sua língua nativa durante o ensino fundamental. Foi somente em 1848 que surgiram colégios de ensino médio na língua tcheca.[50]

Antes disso, um jovem tcheco tinha de aprender alemão a fim de receber educação acima do nível elementar e ser capaz de aspirar a uma variedade mais ampla de oportunidades ocupacionais quando adulto. Nada disso tinha relação com as características linguísticas da língua alemã ou da língua tcheca, e sim com as limitações inerentes à época, quando o pré-requisito de conhecimento escrito para algumas profissões estava disponível em alemão, mas não em tcheco.

Ironicamente, uma multinacional japonesa decretou que o inglês seria a única língua da empresa nas filiais em todo o mundo.[51] Em outras palavras, reconheceu que o inglês é a língua franca do comércio internacional, assim como aquela na qual os pilotos de companhias aéreas se comunicam com todos os aeroportos mundiais.

Em Singapura, com população predominantemente asiática, não somente todas as crianças em idade escolar precisam aprender inglês como o ensino das outras matérias é feito nessa língua.[52] Em tais casos, a escolha da língua é baseada em considerações práticas sobre o bem-estar do povo, e não em questões simbólicas ou ideológicas.

Questões práticas sobre realidades sociais e econômicas raramente têm relação com os tipos de coisa que preocupam estudantes de linguística. Porta-vozes de grupos, ativistas ou "líderes" podem se preocupar

DISCRIMINAÇÃO E DISPARIDADES

com as línguas como insígnias de identidade cultural, mas as culturas existem para servir os seres humanos. Os seres humanos não existem para preservar culturas ou um distrito eleitoral socialmente isolado para benefício dos "líderes".

"Soluções" governamentais

As "soluções", especialmente as governamentais, podem ser o maior problema de uma sociedade, porque o governo é essencialmente uma instituição categórica em um mundo incremental. Quando muitas coisas desejáveis competem por uma parcela de recursos inerentemente limitados, os indivíduos que tomam decisões por si mesmos podem fazer acordos incrementais, abrindo mão de certa quantidade de X para conseguir certa quantidade de Y e encerrar essa troca quando sentem necessidade de conservar o estoque cada vez menor de X e se aproximam de um estoque adequado de Y.

Decisões governamentais, no entanto, tendem a ser categóricas: as coisas são legais ou ilegais e as pessoas são elegíveis ou inelegíveis para os benefícios fornecidos.

Bilionários são legalmente elegíveis para subsídios governamentais agrícolas, mesmo que hospitais governamentais para militares veteranos não tenham dinheiro suficiente para fornecer cuidado médico adequado. Funcionários do governo são elegíveis para aposentadorias muito mais generosas que as que profissionais comparáveis recebem no setor privado, mesmo quando não há dinheiro suficiente para reparar e manter a segurança de uma infraestrutura caindo aos pedaços.

O processo decisório categórico também significa que palavras podem ter mais valor que realidades. "Pobreza" significa o que quer que os estatísticos do governo dizem que significa, de modo que um acadêmico que passou anos estudando as condições econômicas da América Latina pôde dizer que "a linha de pobreza nos Estados Unidos está na classe média-

VISÕES SOCIAIS E CONSEQUÊNCIAS HUMANAS

-alta no México".[53] Mas outro acadêmico, interpretando as palavras mais literalmente, lamentou o fato de os pobres americanos estarem "tendo dificuldade para colocar comida na mesa".[54] Como pessoas com dificuldade para colocar comida na mesa podem estar acima do peso com mais frequência que outros americanos[55] é um mistério que ele não explicou. As palavras triunfam sobre as realidades.

Mais importantes que as avaliações dos intelectuais são as características institucionais do governo. Como instituição categórica, o governo pode lidar com coisas que categoricamente não queremos, como homicídios, ou coisas que categoricamente *queremos*, como proteção contra ataques militares de países estrangeiros. Mas decisões e ações que requerem um conhecimento mais detalhado para permitir sutis ajustes incrementais frequentemente obtêm mais sucesso em processos decisórios que contam com conhecimento e envolvimento mais íntimos — e, especialmente, mais *feedback* convincente sobre as consequências reais das decisões tomadas.

Considerando-se que *todos* os seres humanos tendem a cometer erros em todos os tipos de instituição, uma das características mais importantes de qualquer processo decisório é a habilidade de reconhecer e corrigir os próprios erros. Negócios que não reconhecem seus próprios erros e não mudam de curso a tempo podem enfrentar a falência mesmo tendo sido muito bem-sucedidos no passado. Indivíduos que sofrem as dolorosas consequências de suas próprias decisões ruins frequentemente são obrigados a mudar de curso para evitar uma catástrofe iminente e, em muitos casos, terminam com maior realização pessoal e insight para seguir em frente.

Várias instituições governamentais, todavia, possuem grandes barreiras internas à mudança de curso em resposta ao feedback. Para um representante eleito, admitir que tomou uma decisão errada em função da qual milhões de eleitores estão sofrendo é enfrentar a possibilidade de encerrar a própria carreira em desgraça. Os tribunais estão sujeitos a precedentes legais que não podem ser revertidos indiscriminadamente sem prejudicar a efetividade de toda a estrutura legal.

DISCRIMINAÇÃO E DISPARIDADES

"Soluções" habitacionais

Quando programas governamentais de habitação são criados para ajudar famílias "de baixa renda", qualquer uma delas que corresponda à arbitrária definição de "baixa renda" empregada pela agência pode receber benefícios pagos com dinheiro dos contribuintes. Em 2017, por exemplo, famílias de quatro membros com renda familiar de 100 mil dólares foram classificadas como "de baixa renda" em São Francisco,[56] onde os custos habitacionais são incomumente altos.

Por que a decisão de uma família de morar em uma cidade cara como São Francisco deveria ser subsidiada pelos contribuintes — incluindo aqueles cuja renda familiar é inferior a 100 mil dólares — é uma questão que nem sequer surge nesse contexto, no qual palavras com significados arbitrários e consequências categóricas guiam as decisões governamentais.*

A classificação e desclassificação de vizinhanças por etnicidade ou renda é um exemplo de algo que pode ser feito por programas governamentais ou por processos privados de mercado, como os que transformaram o Harlem de área branca e de classe média de Manhattan em área negra e de classe operária no início do século XX. Mas esses diferentes processos operam sob diferentes incentivos e restrições, levando a diferentes resultados.

Um estudo demográfico do Harlem como era em 1937 mostrou que a população negra se expandira desde seu início na 135th com a Sétima Avenida, em círculos mais ou menos concêntricos, com cada um deles diferindo na proporção de negros na população total do círculo e na composição social da comunidade negra de um círculo para outro.[57] Em

---

* Esse uso arbitrário das palavras não é exclusivo dos Estados Unidos. Na Grécia, pessoas em profissões "árduas" possuem o direito legal de se aposentar mais cedo; tão cedo quanto 55 anos para homens e 50 anos para mulheres. Entre as profissões "árduas" estão a de cabeleireiro, locutor de rádio, garçom e músico. James Bartholomew, *The Welfare of Nations* (Washington: Cato Institute, 2016), p. 218.

VISÕES SOCIAIS E CONSEQUÊNCIAS HUMANAS

resumo, esses assentamentos não eram aleatórios. As pessoas haviam se classificado, como fazem outras pessoas em todos os países do mundo.

Nesse estudo do Harlem, assim como em sua tese de doutoramento anterior sobre a comunidade negra em Chicago, o professor E. Franklin Frazier descobriu discrepâncias substanciais nas circunstâncias socioeconômicas dos diferentes círculos concêntricos que surgiram a partir do assentamento inicial, quando a população de negros no bairro aumentou imensamente durante as migrações em massa do sul.

Em 1930, os negros eram 99% da população do círculo mais interno e 88% da população do círculo seguinte, mas somente 6% do quinto círculo a partir do centro. Entre a população negra, o professor Frazier destacou a "tendência dos grupos familiares de se moverem em direção à periferia da comunidade". A proporção de crianças com menos de 5 anos na população ia de menos de 4% no círculo mais interno para mais de 12% no círculo mais externo. A proporção de famílias recebendo seguro-desemprego nas zonas mais internas era 2,5 vezes a proporção na zona mais externa.[58]

O que isso significou, tanto em Nova York quanto em Chicago, foi que os negros mais adaptados às normas da sociedade mais ampla lideraram a expansão da comunidade negra para comunidades brancas adjacentes. Houve resistência, mas a expansão continuou. Em contraste, os programas governamentais de anos depois, cujo objetivo era desclassificar racial e socioeconomicamente as vizinhanças, moveu os negros de projetos habitacionais tomados pela criminalidade para vizinhanças de classe média, tanto negras quanto brancas, e encontrou amarga oposição dos residentes originais em ambos os casos.

Não é fácil definir uma "solução" em uma situação na qual pessoas de três grupos diferentes buscam ter uma vida melhor e seus estilos de vida entram em conflito, a menos que assumamos de modo arbitrário que os desejos de alguns grupos naturalmente superam os de qualquer outro. Em resumo, não há "soluções" reais em tais situações, e o melhor que podemos razoavelmente esperar é um compromisso viável.

DISCRIMINAÇÃO E DISPARIDADES

Na maioria das vezes, o que realmente acontece são amargas queixas dos negros de classe média que fizeram sacrifícios econômicos, às vezes durante anos, para afastar suas famílias dos perigosos e disfuncionais vizinhos de gueto que o governo então decidiu transportar para sua nova vizinhança. Mas protestos dos residentes preexistentes frequentemente são ignorados, e aqueles que protestam são descritos como pessoas indignas que obstruem o progresso. A alternativa é admitir ter imposto uma política errônea de consequências catastróficas, o que poderia ser politicamente fatal para seus promotores.

"Soluções" educacionais

Não se pode esperar que uma instituição categórica como o governo faça melhores compensações incrementais. A história sugere que ele não consegue fazer isso, especialmente quando é limitado por uma visão social baseada na suposição de similaridade, ou ao menos comparabilidade, entre as pessoas, quando não há similaridade ou comparabilidade nem mesmo no interior de uma comunidade minoritária de baixa renda nos Estados Unidos, muito menos entre comunidades minoritárias de baixa renda e comunidades minoritárias ou majoritárias de classe média.

O que se pode ver na história é que, quando as pessoas classificam a si mesmas, em vez de permitir que o governo faça isso, elas conseguem resultados melhores — não sem contenda, mas com contendas menores que em épocas posteriores, nas quais as "soluções" governamentais se tornaram abundantes, assim como a polarização racial.

Isso foi especialmente aparente durante os anos em que foi mandatório o transporte das crianças para as escolas designadas pelo governo a fim de conseguir "integração" racial, em nome de seus supostos benefícios educacionais, que falharam amplamente em se manifestar. Contudo, quando os pais das minorias de baixa renda puderam escolher para que

VISÕES SOCIAIS E CONSEQUÊNCIAS HUMANAS

escola enviar os filhos, os resultados educacionais foram demonstravelmente — e muitas vezes dramaticamente — melhores, nas mais bem-sucedidas escolas charter.

Mas escolas charter jamais atraíram o mesmo zelo que a campanha de transporte escolar, nem mesmo quando crianças de escolas charter em guetos acertaram mais de 90% das questões em testes de matemática e inglês, enquanto crianças de escolas públicas na mesma vizinhança acertaram menos de 10%. Frequentemente, esses resultados educacionais radicalmente diferentes ocorreram no mesmo prédio, que abrigava tanto a escola pública local quanto a escola charter local, atendendo à mesma população.

"Soluções" de redistribuição de renda e riqueza

Se os mais afortunados são a razão para outros serem menos afortunados, então coisas como redistribuir renda ou riqueza podem parecer muito mais plausíveis como "solução" em um mundo no qual a acumulação de capital humano é mais fundamental que a acumulação de riqueza física, mesmo que a última possa ser mensurada estatisticamente e confiscada politicamente. A riqueza física pode ser confiscada e redistribuída de várias maneiras, mas o capital humano não pode, pois está dentro da cabeça das pessoas.

Em muitos lugares e muitas épocas, várias pessoas prósperas com considerável capital humano fugiram da perseguição ou foram expulsas dos países em que viviam e, em ambos os casos, foram forçadas a deixar para trás a maioria de sua riqueza física, chegando destituídas de bens materiais a algum novo país.

Esse foi o destino de muitos judeus expulsos da Espanha no século XV, muitos huguenotes fugindo da França no século XVII e muitos gujaratis expulsos de Uganda e cubanos fugindo da Cuba comunista no século XX, entre muitos outros em vários países do mundo.

DISCRIMINAÇÃO E DISPARIDADES

O destino dos gujaratis e dos refugiados cubanos no século XX foi particularmente bem documentado. Muitos gujaratis chegaram desamparados à Grã-Bretanha, mas ascenderam novamente à prosperidade. Entrementes, a economia ugandense que deixaram para trás entrou em colapso, na ausência de outras pessoas com o mesmo capital humano.[59]

Do mesmo modo, os refugiados cubanos ascenderam da pobreza inicial de sua chegada aos Estados Unidos e, quarenta anos depois, a receita total dos negócios cubano-americanos era maior que a receita nacional total de Cuba.[60]

Algo similar aconteceu no século XVII, quando grandes números de huguenotes fugiram da perseguição religiosa na França. Eles levaram consigo as habilidades que haviam contribuído para tornar a França uma das principais — se não *a* principal — nações econômicas da Europa.

As habilidades dos refugiados huguenotes permitiram que outros países produzissem bens que anteriormente compravam da França e competissem com ela nos mercados internacionais. A economia francesa sofreu muitos retrocessos nas décadas depois do êxodo dos huguenotes.[61]

A despeito de todos os volumosos textos defendendo intelectual ou moralmente o confisco da renda e da riqueza em nome da "justiça social", notavelmente pouca atenção tem sido dada à questão da extensão em que isso realmente pode ser feito em qualquer sentido abrangente e de longo prazo. No curto prazo, o confisco pode facilmente ser feito, seja por governos ou por multidões saqueando lojas. Detroit foi um exemplo clássico de ambos — e das consequências de longo prazo.[62]

Mesmo assim, matar a galinha dos ovos de ouro é uma estratégia viável do ponto de vista puramente político, desde que ela não morra antes da próxima eleição. A carreira de duas décadas do prefeito de Detroit entre 1974 e 1994 foi possível graças a políticas que afastaram da cidade os mais economicamente produtivos, assegurando as consecutivas reeleições do prefeito ao fazer partirem as pessoas que tinham mais probabilidade de votar contra ele. Isso também assegurou o declínio de Detroit.

VISÕES SOCIAIS E CONSEQUÊNCIAS HUMANAS

Detroit não é um caso isolado. Tal combinação de sucesso político e desastre econômico e social pode ser encontrada em várias cidades americanas nas quais um partido político permaneceu no poder durante décadas, através de políticas de redistribuição que afastaram as pessoas com muito capital humano, transformando a cidade em uma casca vazia do que era antes de os residentes que pagavam impostos e criavam empregos irem embora. Nações do Terceiro Mundo que realizaram grandes confiscos de riqueza tangível — fosse o capital de investidores estrangeiros ("nacionalização" de indústrias) ou de empreendedores domésticos — frequentemente tiveram destinos similares, por razões semelhantes.

O PASSADO E O FUTURO

Olhando para o passado, há muito que inspira e muito que horroriza. Quanto ao futuro, tudo de que podemos ter certeza é que está vindo, estejamos bem ou mal preparados para ele.

Talvez a coisa mais encorajadora do passado sejam os inumeráveis exemplos de povos inteiros que estavam bem atrás de seus contemporâneos em determinada época e, tempos depois, superaram-nos e foram para a vanguarda das realizações humanas.

Eles incluem os bretões do mundo antigo, que eram um povo tribal e iletrado quando os antigos gregos e romanos criavam as fundações intelectuais e materiais da civilização ocidental — e, todavia, mais de um milênio depois, foram os bretões que lideraram o mundo para a revolução industrial e criaram um império que incluía um quarto das áreas e de todos os seres humanos da Terra.

Em vários momentos e lugares, a China e o mundo islâmico foram mais avançados que a Europa e, mais tarde, ficaram para trás, ao passo que o Japão ascendeu da pobreza e do atraso do século XIX para a vanguarda das realizações econômicas e tecnológicas do século XX. Judeus, que de-

DISCRIMINAÇÃO E DISPARIDADES

sempenharam pequeno ou nenhum papel na emergência revolucionária da ciência e da tecnologia no início da era moderna, mais tarde produziram uma parcela desproporcional de todos os cientistas que receberam prêmios Nobel no século XX.

Entre as coisas horrendas do passado, é difícil saber qual a pior. Que algo como o Holocausto possa ter acontecido depois de milhares de anos de civilização e em uma de nossas sociedades mais avançadas é quase tão intelectualmente incompreensível quanto moralmente devastador, em termos de demonstrar a profundidade de depravação que pode ser encontrada em *todos* os seres humanos. É uma lembrança dolorosa daquela descrição da civilização como "camada fininha sobre um vulcão".

Se longevidade e universalidade forem critérios, então a escravidão deve estar entre os principais candidatos à mais horrenda instituição humana, pois existiu em todo continente habitado durante milhares de anos, sendo tão antiga quanto a história da espécie humana. No entanto, seu escopo é frequentemente subestimado hoje em dia, quando ela é discutida como se estivesse confinada a uma raça que escravizou outra quando, na verdade, existiu praticamente sempre que era viável que alguns seres humanos escravizassem outros, incluindo em muitos casos, se não na maioria, pessoas de sua própria raça.[63]

Europeus escravizaram europeus durante séculos antes de levarem os primeiros escravos africanos — comprados de outros africanos que os haviam escravizado — para o hemisfério ocidental. Tampouco era incomum que europeus fossem escravizados por não europeus. Um exemplo eram os escravos europeus levados à costa da África do Norte por piratas. Eles eram mais numerosos que os escravos africanos levados para os Estados Unidos e para as colônias americanas a partir das quais o país se formou.[64] Mas a politização da história estreita a percepção pública da escravidão para o que quer que seja mais conveniente para a promoção das agendas politicamente corretas de hoje.[65]

Essa é apenas uma das formas pelas quais as agendas do presente distorcem nosso entendimento do passado, abrindo mão das valiosas lições

VISÕES SOCIAIS E CONSEQUÊNCIAS HUMANAS

que tal entendimento poderia trazer. No mínimo, a história da escravidão deveria ser uma severa advertência contra conceder a quaisquer seres humanos poder ilimitado sobre outros seres humanos, ainda que esse poder seja retoricamente embalado de maneira sedutora hoje.

"Na história, um grande volume é revelado para nossa instrução, elaborando os materiais da futura sabedoria a partir dos erros passados e das enfermidades da humanidade", disse Edmund Burke há mais de dois séculos. Mas ele avisou que o passado também podia ser uma maneira de "manter vivas ou reviver dissensões e animosidades".[66]

O passado deve ser entendido em seu próprio contexto. Ele não pode ser visto como se seu contexto fosse o do presente, com os eventos simplesmente ocorrendo em uma época anterior. Isso seria um erro tão grande quanto falhar em compreender as implicações do fato de que o passado é irrevogável. Como os seres humanos só podem fazer escolhas entre as opções realmente disponíveis, os eventos do passado só podem ser entendidos e julgados no interior dos limites inerentes a seus locais e épocas.

Por mais óbvio que tudo isso possa parecer, é algo frequentemente esquecido. Nada que os alemães façam hoje irá mitigar as consequências devastadoras do que Hitler fez no passado. Nem, nos Estados Unidos, as desculpas de hoje pela escravidão do passado possuem qualquer significado, e muito menos fazem qualquer bem, para brancos ou negros. Qual pode ser o significado de A se desculpar pelo que B fez, mesmo entre contemporâneos, quem dirá através do vasto abismo entre vivos e mortos?

As únicas épocas sobre as quais temos qualquer grau de influência são o presente e o futuro, e ambos podem ser piorados pelas tentativas de restituição simbólica entre os vivos por algo que aconteceu entre os mortos, que estão muito além de nosso poder de ajudar, punir ou vingar. Por mais desagradáveis que esses fatos restritivos possam ser, eles estão fora de nosso controle. Pretender ter poderes que não temos pode criar males desnecessários no presente enquanto alegamos estar lidando com os males do passado.

DISCRIMINAÇÃO E DISPARIDADES

Qualquer consideração séria do mundo à nossa volta deve nos dizer que manter a decência comum — que dirá a paz e a harmonia — entre contemporâneos vivos é um grande desafio, tanto entre nações quanto no interior delas. Admitir que nada podemos fazer sobre o que aconteceu entre os mortos não é desistir da luta por um mundo melhor, mas sim concentrar nossos esforços onde podemos ter alguma esperança de tornar as coisas melhores para os vivos.

Agradecimentos

Mesmo um livro pequeno como este, ao lidar com um assunto vasto, incorre em muitas dívidas para com o trabalho de autores numerosos demais para serem nomeados. Além dos livros citados nas notas, houve outros textos e fontes de insight que forneceram um background de conhecimento histórico, geográfico e econômico recolhido através dos anos sem o qual não haveria base para as pesquisas e análises particulares que me permitiram "acarear os fatos", como o grande economista Alfred Marshal definiu o objetivo da análise econômica.

Mais perto de casa, comentários e críticas de minha esposa Mary e de meus colegas e amigos Joseph Charney e Stephen Camarata foram muito úteis, e toda a empreitada teria sido impossível, especialmente em minha idade avançada, sem o dedicado trabalho de minhas assistentes de muitos anos, Na Liu e Elizabeth Costa. O apoio institucional das bibliotecas da Instituição Hoover e da Universidade de Stanford também foi indispensável.

Por fim, contudo, nenhum deles pode ser responsabilizado por minhas conclusões ou por quaisquer erros ou lacunas que possam surgir. Por todos eles, devo assumir total responsabilidade.

Thomas Sowell
Instituição Hoover
Universidade de Stanford

Notas

1. Disparidades e pré-requisitos

1. *World Illiteracy At Mid-Century: A Statistical Study* (Paris: United Nations Educational, Scientific and Cultural Organization, 1957), p. 15.
2. Malcolm Gladwell, *Outliers: The Story of Success* (Nova York: Little, Brown and Company, 2008), p. 111.
3. Ibid., pp. 89-90.
4. Ibid., pp. 111-112.
5. Ibid., pp. 111-113.
6. Charles Murray, *Human Accomplishment: The Pursuit of Excellence in the Arts and Sciences, 800 B.C. to 1950* (Nova York: HarperCollins, 2003), pp. 98-99.
7. Ibid., p. 99.
8. James Corrigan, "Woods in the Mood to End His Major Drought", *The Daily Telegraph* (Londres), 5 de agosto de 2013, pp. 16-17.
9. Charles Murray, *Human Accomplishment*, p. 102.
10. Ibid., pp. 355-361.
11. John K. Fairbank e Edwin O. Reischauer, *China: Tradition & Transformation* (Boston: Houghton Mifflin, 1978), p. 17.
12. William D. Altus, "Birth Order and Its Sequelae", *Science*, vol. 151 (7 de janeiro de 1966), p. 45.

DISCRIMINAÇÃO E DISPARIDADES

13. Ibid.

14. Julia M. Rohrer, Boris Egloff e Stefan C. Schmukle, "Examining the Effects of Birth Order on Personality", *Proceedings of the National Academy of Sciences*, vol. 112, n. 46 (17 de novembro de 2015), p. 14225. Essas diferenças no QI médio não são necessariamente maiores. Contudo, mesmo diferenças modestas podem se traduzir em grandes disparidades na representação dos diferentes grupos em QIs iguais ou superiores a 120, que são os encontrados entre pessoas em ocupações de elite, que atraem grande atenção. A maioria dos observadores está menos interessada em saber quais pessoas estão qualificadas para trabalhar em restaurantes fast-food que em saber quais pessoas estão qualificadas para trabalhar em laboratórios químicos ou como engenheiros e físicos.

15. Lillian Belmont e Francis A. Marolla, "Birth Order, Family Size, and Intelligence", *Science*, vol. 182 (14 de dezembro de 1973), p. 1.098.

16. Sandra E. Black, Paul J. Devereux e Kjell G. Salvanes, "Older and Wiser? Birth Order and IQ of Young Men", *CESifo Economic Studies*, vol. 57, 1/2011, pp. 103-120.

17. Lillian Belmont e Francis A. Marolla, "Birth Order, Family Size, and Intelligence", *Science*, vol. 182 (14 de dezembro de 1973), pp. 1.096-1.097; Sandra E. Black, Paul J. Devereux e Kjell G. Salvanes, "Older and Wiser? Birth Order and IQ of Young Men", *CESifo Economic Studies*, vol. 57, 1/2011, p. 109.

18. Sidney Cobb e John R.P. French, Jr., "Birth Order Among Medical Students", *Journal of the American Medical Association*, vol. 195, n. 4 (24 de janeiro de 1966), pp. 172-173.

19. William A. Layman e Andrew Saueracker, "Birth Order and Sibship Size of Medical School Applicants", *Social Psychiatry*, vol. 13 (1978), pp. 117-123.

20. Alison L. Booth e Hiau Joo Kee, "Birth Order Matters: The Effect of Family Size and Birth Order on Educational Attainment", *Journal of Population Economics*, vol. 22, n. 2 (abril de 2009), p. 377.

21. Robert J. Gary-Bobo, Ana Prieto e Natalie Picard, "Birth Order and Sibship Sex Composition as Instruments in the Study of Education and Earnings", Documento de reflexão n. 5.514 (fevereiro de 2006), Centro de Pesquisas sobre Políticas Econômicas, Londres, p. 22.

NOTAS

22. Jere R. Behrman e Paul Taubman, "Birth Order, Schooling, and Earnings", *Journal of Labor Economics*, vol. 4, n. 3, parte 2: The Family and the Distribution of Economic Rewards (julho de 1986), p. S136.

23. Philip S. Very e Richard W. Prull, "Birth Order, Personality Development, and the Choice of Law as a Profession", *Journal of Genetic Psychology*, vol. 116, n. 2 (1º de junho de 1970), pp. 219-221.

24. Richard L. Zweigenhaft, "Birth Order, Approval-Seeking and Membership in Congress", *Journal of Individual Psychology*, vol. 31, n. 2 (novembro de 1975), p. 208.

25. *Astronauts and Cosmonauts: Biographical and Statistical Data*, revisado em 31 de agosto de 1993. Congressional Research Service, Library of Congress, transmitted to the Committee on Science, Space, and Technology, U.S. House of Representatives, One Hundred Third Congress, Second session, março de 1994 (Washington: U.S. Government Printing Office, 1994), p. 19.

26. Daniel S.P. Schubert, Mazie E. Wagner e Herman J.P. Schubert, "Family Constellation and Creativity: Firstborn Predominance Among Classical Music Composers", *The Journal of Psychology*, vol. 95, n. 1 (1977), pp. 147-149.

27. Arthur R. Jensen, *Genetics and Education* (Nova York: Harper & Row, 1972), p. 143.

28. R.G. Record, Thomas McKeown e J.H. Edwards, "An Investigation of the Difference in Measured Intelligence Between Twins and Single Births", *Annals of Human Genetics*, vol. 34, edição 1 (julho de 1970), pp. 18, 19, 20.

29. "Choose Your Parents Wisely", *The Economist*, 26 de julho de 2014, p. 22.

30. Edward C. Banfield, *The Unheavenly City* (Boston: Little, Brown, 1970), pp. 224-229.

31. Para exemplos e uma discussão mais completa sobre a mobilidade social, ver Thomas Sowell, *Wealth, Poverty and Politics*, edição revisada e ampliada (Nova York: Basic Books, 2016), pp. 178-183, 369-375.

32. Henry Thomas Buckle, *On Scotland and the Scotch Intellect* (Chicago: University of Chicago Press, 1970), p. 52.

33. Irokawa Daikichi, *The Culture of the Meiji Period*, traduzido e editado por Marius B. Jansen (Princeton: Princeton University Press, 1985), p. 7.

DISCRIMINAÇÃO E DISPARIDADES

34. Joel Mokyr, *A Culture of Growth: The Origins of the Modern Economy* (Princeton: Princeton University Press, 2017), p. 256.

35. Steven Beller, "Big-City Jews: Jewish Big City — the Dialectics of Jewish Assimilation in Vienna, *c.* 1900", *The City in Central Europe: Culture and Society from 1800 to the Present*, editado por Malcolm Gee, Tim Kirk e Jill Steward (Brookfield: Ashgate Publishing, Ltd., 1999), p. 150.

36. Charles Murray, *Human Accomplishment*, pp. 280, 282.

37. Charles O. Hucker, *China's Imperial Past: An Introduction to Chinese History and Culture* (Stanford: Stanford University Press, 1975), p. 65; Jacques Gernet, *A History of Chinese Civilization*, 2ª edição, traduzido por J.R. Foster e Charles Hartman (Nova York: Cambridge University Press, 1996), p. 69.

38. David S. Landes, *The Wealth and Poverty of Nations: Why Some Are So Rich and Some So Poor* (Nova York: W.W. Norton & Company, 1998), pp. 93-95; William H. McNeill, *The Rise of the West: A History of the Human Community* (Chicago: University of Chicago Press, 1991), p. 526.

39. David S. Landes, *The Wealth and Poverty of Nations*, pp. 94-95.

40. Para exemplos, ver Thomas Sowell, *Wealth, Poverty and Politics*, edição revisada e ampliada, especialmente a parte 1; Ellen Churchill Semple, *Influences of Geographic Environment* (Nova York: Henry Holt and Company, 1911), pp. 144, 175, 397, 530, 531, 599, 600. Em contraste, ela se refere à "civilização cosmopolita característica das regiões litorâneas." Ibid., p. 347.

41. Andrew Tanzer, "The Bamboo Network", *Forbes*, 18 de julho de 1994, pp. 138-144; "China: Seeds of Subversion", *The Economist*, 28 de maio de 1994, p. 32.

42. Richard Rhodes, *The Making of the Atomic Bomb* (Nova York: Simon & Schuster, 1986), pp. 13, 106, 188-189, 305-314; Silvan S. Schweber, *Einstein and Oppenheimer: The Meaning of Genius* (Cambridge: Harvard University Press, 2008), p. 138; Michio Kaku, *Einstein's Cosmos: How Albert Einstein's Vision Transformed Our Understanding of Space and Time* (Nova York: W.W. Norton, 2004), pp. 187-188; Howard M. Sachar, *A History of the Jews in America* (Nova York: Alfred A. Knopf, 1992), p. 527; American Jewish Historical Society, *American Jewish Desk Reference* (Nova York: Random House, 1999), p. 591.

NOTAS

43. Citado em Bernard Lewis, *The Muslim Discovery of Europe* (Nova York: W.W. Norton, 1982), p. 139.

44. Giovanni Gavetti, Rebecca Henderson e Simona Giorgi, "Kodak and the Digital Revolution (A)", 9-705-448, Escola de Negócios de Harvard, 2 de novembro de 2005, pp. 3, 11.

45. "The Last Kodak Moment?" *The Economist*, 14 de janeiro de 2012, pp. 63-64.

46. Mike Spector e Dana Mattioli, "Can Bankruptcy Filing Save Kodak?" *Wall Street Journal*, 20 de janeiro de 2012, p. B1.

47. Henry C. Lucas, Jr., *Inside the Future: Surviving the Technology Revolution* (Westport: Praeger, 2008), p. 157.

48. Giovanni Gavetti, Rebecca Henderson e Simona Giorgi, "Kodak and the Digital Revolution (A)", 9-705-448, Escola de Negócios de Harvard, 2 de novembro de 2005, p. 4.

49. Ibid., p. 12.

50. Karen Kaplan, "Man, Chimp Separated by a Dab of DNA", *Los Angeles Times*, 1º de setembro de 2005, p. A12; Rick Weiss, "Scientists Complete Genetic Map of the Chimpanzee", *Washington Post*, 1º de setembro de 2005, p. A3; "A Creeping Success", *The Economist*, 5 de junho de 1999, pp. 77-78.

51. Darrell Hess, *McKnight's Physical Geography: A Landscape Appreciation*, 11ª edição (Upper Saddle River: Pearson Education, Inc., 2014), p. 200.

52. *Africa: Atlas of Our Changing Environment* (Nairóbi: United Nations Environment Programme, 2008), p. 29; Rachel I. Albrecht, Steven J. Goodman, Dennis E. Buechler, Richard J. Blakeslee e Hugh J. Christian, "Where Are the Lightning Hotspots on Earth?" *Bulletin of the American Meteorological Society*, novembro de 2016, p. 2.055; *The New Encyclopædia Britannica* (Chicago: Encyclopædia Britannica, Inc., 2005), vol. 3, p. 583.

53. Alan H. Strahler, *Introducing Physical Geography*, 6ª edição (Hoboken: Wiley, 2013), pp. 402-403.

54. Bradley C. Bennett, "Plants and People of the Amazonian Rainforests", *BioScience*, vol. 42, n. 8 (setembro de 1992), p. 599.

55. ronald Fraser, "The Amazon", *Great Rivers of the World*, editado por Alexander Frater (Boston: Little, Brown and Company, 1984), p. 111.

56. David S. Landes, *The Wealth and Poverty of Nations*, p. 6.

DISCRIMINAÇÃO E DISPARIDADES

57. Ver, por exemplo, Ellen Churchill Semple, *Influences of Geographic Environment*, pp. 20, 280, 281-282, 347, 521-531, 599, 600; Fernand Braudel, *The Mediterranean and the Mediterranean World in the Age of Philip II*, traduzido por Siân Reynolds (Berkeley: University of California Press, 1995), vol. I, pp. 34, 35; Thomas Sowell, *Wealth, Poverty and Politics*, edição ampliada e revisada, pp. 45-54.

58. Ver, por exemplo, Frederick R. Troeh e Louis M. Thompson, *Soils and Soil Fertility*, 6ª edição (Ames, Iowa: Blackwell, 2005), p. 330; Xiaobing Liu *et al.*, "Overview of Mollisols in the World: Distribution, Land Use and Management", *Canadian Journal of Soil Science*, vol. 92 (2012), pp. 383-402; Darrel Hess, *McKnight's Physical Geography*, 11ª edição, pp. 362-363.

59. Andrew D. Mellinger, Jeffrey D. Sachs e John L. Gallup, "Climate, Coastal Proximity, and Development", *The Oxford Handbook of Economic Geography*, editado por Gordon L. Clark, Maryann P. Feldman e Meric S. Gertler (Oxford: Oxford University Press, 2000), p. 169.

2. Discriminação: significados e custos

1. Harry J. Holzer, Steven Raphael e Michael A. Stoll, "Perceived Criminality, Criminal Background Checks, and the Racial Hiring Practices of Employers", *Journal of Law and Economics*, vol. 49, n. 2 (outubro de 2006), pp. 452, 473.

2. Jason L. Riley, "Jobless Blacks Should Cheer Background Checks", *Wall Street Journal*, 23 de agosto de 2013, p. A11; Paul Sperry, "Background Checks Are Racist?" *Investor's Business Daily*, 28 de março de 2014, p. A1.

3. Ver, por exemplo, Zy Weinberg, "No Place to Shop: Food Access Lacking in the Inner City", *Race, Poverty & the Environment*, vol. 7, n. 2 (inverno de 2000), pp. 22-24; Michael E. Porter, "The Competitive Advantage of the Inner City", *Harvard Business Review*, maio-junho de 1995, pp. 63-64; James M. MacDonald e Paul E. Nelson, Jr., "Do the Poor Still Pay More? Food Price Variations in Large Metropolitan Areas", *Journal of Urban Economics*, vol. 30 (1991), pp. 349, 350, 357; Donald R. Marion, "Toward Revitalizing Inner- City Food Retailing", *National Food Review*, verão de 1982, pp. 22, 23, 24.

NOTAS

4. David Caplovitz, *The Poor Pay More: Consumer Practices of Low-Income Families* (Nova York: The Free Press, 1967), p. xvi.

5. Ver, por exemplo, "Democrats Score A.&P. Over Prices", *New York Times*, 18 de julho de 1963, p. 11; Elizabeth Shelton, "Prices Are Never Right", *Washington Post*, 4 de dezembro de 1964, p. C3; "Gouging the Poor", *New York Times*, 13 de agosto de 1966, p. 41; "Overpricing of Food in Slums Is Alleged at House Hearing", *New York Times*, 13 de outubro de 1967, p. 20; "Ghetto Cheats Blamed for Urban Riots", *Chicago Tribune*, 18 de fevereiro de 1968, p. 8; "Business Leaders Urge Actions to Help Poor", *Los Angeles Times*, 11 de abril de 1968, p. C13; Frederick D. Sturdivant e Walter T. Wilhelm, "Poverty, Minorities, and Consumer Exploitation", *Social Science Quarterly*, vol. 49, n. 3 (dezembro de 1968), p. 650.

6. Donald R. Marion, "Toward Revitalizing Inner-City Food Retailing", *National Food Review*, verão de 1982, pp. 23-24. "As vendas em lojas urbanas são 13% menores em volume e os custos operacionais são 9% mais altos. Os lucros antes das taxas são menos da metade das lojas suburbanas. Os custos trabalhistas e com furtos, seguros e reparos são mais altos, as vendas por consumidor são menores e as perdas devidas à criminalidade são mais que o dobro nas lojas urbanas." *Audiências do Subcomitê de Produção Agrícola, Marketing e Estabilização de Preços do Comitê de Agricultura e Silvicultura*, Senado dos Estados Unidos, 94º Congresso, segunda sessão, 23 e 25 de junho de 1976 (Washington: U.S. Government Printing Office, 1976), p. 57. Ver também pp. 116, 124-125.

7. "Eles veem os negros como sua reserva pessoal, o campo de pilhagem no qual extraordinários lucros foram e podem ser obtidos à custa de nossa comunidade." "The Poor Pay More...for Less", *New York Amsterdam News*, 20 de abril de 1991, p. 12.

8. Dorothy Height, "A Woman's Word", *New York Amsterdam News*, 24 de julho de 1965, p. 34.

9. Ray Cooklis, "Lowering the High Cost of Being Poor", *Cincinnati Enquirer*, 28 de maio de 2009, p. A7.

10. Jonathan Gill, *Harlem: The Four Hundred Year History from Dutch Village to Capital of Black America* (Nova York: Grove Press, 2011), p. 119.

DISCRIMINAÇÃO E DISPARIDADES

11. Ver U.S. Census Bureau, B01002, Median Age by Sex, Universe: Total Population, 2011-2015 American Community Survey Selected Population Tables.

12. "Choose Your Parents Wisely", *The Economist*, 26 de julho de 2014, p. 22.

13. *The Chronicle of Higher Education: Almanac 2014-2015*, 22 de agosto de 2014, p. 4.

14. Karl Marx e Frederick Engels, *Selected Correspondence 1846-1895*, traduzido por Dona Torr (Nova York: International Publishers, 1942), p. 476.

15. Adam Smith, *The Wealth of Nations* (Nova York: Modern Library, 1937), p. 423.

16. Adam Smith denunciou "a voracidade mesquinha, o espírito monopolizador" e "o clamor e os subterfúgios dos comerciantes e fabricantes", que caracterizou como pessoas que "raramente se encontram, nem mesmo para celebrar e se divertir, sem que a conversa termine em uma conspiração contra o público." Quanto às políticas recomendadas por tais pessoas, Smith disse: "A proposta de qualquer nova lei ou regulação de comércio que venha dessa ordem deve ser sempre ouvida com grande precaução e jamais ser adotada até ter sido longa e cuidadosamente examinada, com a atenção mais escrupulosa e suspeita. Ela vem de uma ordem de homens cujos interesses jamais são exatamente iguais aos do público, que geralmente possuem interesse em enganar e mesmo oprimir o público e que, em muitas ocasiões, tanto o enganaram quanto oprimiram." Adam Smith, *The Wealth of Nations*, pp. 128, 250, 460. Karl Marx escreveu no prefácio do primeiro volume de *O capital*: "Não pinto o capitalista e o proprietário de terras em tons de rosa. Mas aqui os indivíduos nos interessam apenas na medida em que são personificações de categorias econômicas, exemplos de relações e interesses de classe particulares. Minha posição, da qual a evolução da formação econômica da sociedade é vista como processo da história natural, não pode, ainda menos que qualquer outra, tornar o indivíduo responsável pelas relações das quais permanece socialmente a criatura, por mais que possa, subjetivamente, erguer-se acima delas." No capítulo X, ele faz predições catastróficas sobre o destino dos trabalhadores, mas não como resultado de deficiências morais subjetivas dos capitalistas: "Como capitalista, ele é apenas o capital personificado" e "tudo isso não depende, de fato, da boa ou má vontade do capitalista individual."

NOTAS

Karl Marx, *Capital: A Critique of Political Economy* (Chicago: Charles H. Kerr & Company, 1909), vol. I, pp. 15, 257, 297.

17. William Julius Wilson, *The Declining Significance of Race: Blacks and Changing American Institutions*, 3ª edição (Chicago: University of Chicago Press, 2012), pp. 52-53, 54-55, 59.

18. Robert Higgs, *Competition and Coercion: Blacks in the American Economy 1865-1914* (Nova York: Cambridge University Press, 1977), pp. 47-49, 130-131.

19. Ibid., pp. 102, 144-146.

20. Ibid., p. 117.

21. Walter E. Williams, *South Africa's War Against Capitalism* (Nova York: Praeger, 1989), pp. 101, 102, 103, 104, 105.

22. O livro que resultou dessa pesquisa foi Walter E. Williams, *South Africa's War Against Capitalism*.

23. Ibid., pp. 112, 113.

24. Ver, por exemplo, Thomas Sowell, *Applied Economics: Thinking Beyond Stage One*, edição revisada e ampliada (Nova York: Basic Books, 2009), capítulo 7; Thomas Sowell, *Economic Facts and Fallacies* (Nova York: Basic Books, 2008), pp. 73-75, 123, 170-172.

25. Jennifer Roback, "The Political Economy of Segregation: The Case of Segregated Streetcars", *Journal of Economic History*, vol. 46, n. 4 (dezembro de 1986), pp. 893-917.

26. Ibid., pp. 894, 899-901, 903, 904, 912, 916.

27. Kermit L. Hall e John J. Patrick, *The Pursuit of Justice: Supreme Court Decisions that Shaped America* (Nova York: Oxford University Press, 2006), pp. 59-64; Michael J. Klarman, *From Jim Crow to Civil Rights: The Supreme Court and the Struggle for Racial Equality* (Oxford: Oxford University Press, 2004), p. 8.

28. Bernard E. Anderson, *Negro Employment in Public Utilities: A Study of Racial Policies in the Electric Power, Gas, and Telephone Industries* (Filadélfia: Pennsylvania University Press, 1970), pp. 73, 80.

29. Ibid., pp. 93-95.

DISCRIMINAÇÃO E DISPARIDADES

30. Venus Green, *Race on the Line: Gender, Labor, and Technology in the Bell System, 1880-1980* (Durham: Duke University Press, 2001), p. 210.

31. Bernard E. Anderson, *Negro Employment in Public Utilities*, pp. 150, 152. Durante os anos 1950, a porcentagem de funcionários negros na indústria de telecomunicações na verdade caiu em estados sulistas como Alabama, Arkansas, Flórida, Geórgia, Kentucky, Louisiana, Mississippi, Carolina do Norte, Carolina do Sul, Tennessee, Texas e Virgínia. Ibid., pp. 84-87.

32. Ibid., pp. 84-87.

33. Ibid., pp. 114, 139.

34. Michael R. Winston, "Through the Back Door: Academic Racism and the Negro Scholar in Historical Perspective", *Daedalus*, vol. 100, n. 3 (verão de 1971), pp. 695, 705.

35. Milton & Rose D. Friedman, *Two Lucky People: Memoirs* (Chicago: University of Chicago Press, 1998), pp. 91-92, 94-95, 105-106, 153-154.

36. Greg Robinson, "Davis, Allison", *Encyclopedia of African-American Culture and History*, editado por Colin A. Palmer (Detroit: Thomson-Gale, 2006), volume C-F, p. 583; "The Talented Black Scholars Whom No White University Would Hire", *Journal of Blacks in Higher Education*, n. 58 (inverno de 2007/2008), p. 81.

37. George J. Stigler, "The Economics of Minimum Wage Legislation", *American Economic Review*, vol. 36, n. 3 (junho de 1946), p. 358.

38. Walter E. Williams, *Race & Economics: How Much Can Be Blamed on Discrimination* (Stanford: Hoover Institution Press, 2011), pp. 42-43.

39. Ibid.; Edward C. Banfield, *The Unheavenly City* (Boston: Little, Brown, 1970), p. 98.

40. Charles Murray, *Losing Ground: American Social Policy, 1950-1980* (Nova York: Basic Books, 1984), p. 77.

41. Jason B. Johnson, "Making Ends Meet: Struggling in Middle Class", *San Francisco Chronicle*, 16 de outubro de 2005, p. A11.

42. Stephen Coyle, "Palo Alto: A Far Cry from *Euclid*", *Land Use and Housing on the San Francisco Peninsula*, editado por Thomas M. Hagler (Stanford: Stanford Environmental Law Society, 1983), pp. 85, 89.

NOTAS

43. Hans P. Johnson e Amanda Bailey, "California's Newest Homeowners: Affording the Unaffordable", *California Counts: Population Trends and Profiles* (Public Policy Institute of California), vol. 7, n. 1 (agosto de 2005), p. 4.

44. Leslie Fulbright, "S.F. Moves to Stem African American Exodus", *San Francisco Chronicle*, 9 de abril de 2007, p. A1.

45. Bureau of the Census, *1990 Census of Population: General Population Characteristics California*, 1990 CP-1-6, Seção 1 de 3, pp. 27, 28, 31; U.S. Census Bureau, *Profiles of General Demographic Characteristics 2000: 2000 Census of Population and Housing, California*, Tabela DP-1, pp. 2, 20, 42.

46. Gilbert Osofsky, *Harlem: The Making of a Ghetto, Negro New York 1890-1930* (Nova York: Harper & Row, 1966), pp. 106-110; Jonathan Gill, *Harlem*, pp. 180-184.

47. Gilbert Osofsky, *Harlem*, p. 110.

3. Classificando e desclassificando pessoas

1. Joses C. Moya, *Cousins and Strangers: Spanish Immigrants in Buenos Aires, 1850-1930* (Berkeley: University of California Press, 1998), pp. 119, 145-146.

2. Jonathan Gill, *Harlem: The Four Hundred Year History from Dutch Village to Capital of Black America* (Nova York: Grove Press, 2011), p. 140; Charles A. Price, *Southern Europeans in Australia* (Melbourne: Oxford University Press, 1963), p. 162; Philip Taylor, *The Distant Magnet: European Emigration to the USA* (Nova York: Harper & Row, 1971), pp. 210, 211; Dino Cinel, *From Italy to San Francisco: The Immigrant Experience* (Stanford: Stanford University Press, 1982), pp. 28, 117-120; Samuel L. Baily, "The Adjustment of Italian Immigrants in Buenos Aires and New York, 1870-1914", *American Historical Review*, abril de 1983, p. 291; John E. Zucchi, *Italians in Toronto: Development of a National Identity, 1875-1935* (Kingston: McGill-Queen's University Press, 1988), pp. 41, 53-55, 58.

3. Annie Polland e Daniel Soyer, *Emerging Metropolis: New York Jews in the Age of Immigration, 1840-1920* (Nova York: New York University Press, 2012), p. 31; Tyler Anbinder, *City of Dreams: The 400-Year Epic History of Immigrant New York* (Boston: Houghton Mifflin Harcourt, 2016), pp.

DISCRIMINAÇÃO E DISPARIDADES

174-175, 178, 356, 358; Moses Rischin, *The Promised City: New York's Jews 1870-1914* (Cambridge: Harvard University Press, 1962), pp. 76, 85-108, 238-239; Stephen Birmingham, *"The Rest of Us": The Rise of America's Eastern European Jews* (Boston: Little, Brown, 1984), pp. 12-24.

4. Louis Wirth, *The Ghetto* (Chicago: University of Chicago Press, 1956), pp. 182-184; Irving Cutler, "The Jews of Chicago: From Shetl to Suburb", *Ethnic Chicago: A Multicultural Portrait*, 4ª edição, editado por Melvin G. Holli e Peter d'A. Jones (Grand Rapids: William B. Eerdmans Publishing Company, 1995), pp. 127-129, 134-135, 143-144.

5. H.L. van der Laan, *The Lebanese Traders in Sierra Leone* (Haia: Mouton & Co., 1975), pp. 237-240; Louise L'Estrange Fawcett, "Lebanese, Palestinians and Syrians in Colombia", *The Lebanese in the World: A Century of Emigration*, editado por Albert Hourani e Nadim Shehadi (Londres: The Centre for Lebanese Studies, 1992), p. 368.

6. Tyler Anbinder, *City of Dreams*, pp. 176-177.

7. Teiiti Suzuki, *The Japanese Immigrant in Brazil: Narrative Part* (Tóquio: Tokio University Press, 1969), p. 109.

8. Tyler Anbinder, *City of Dreams*, p. 185.

9. Charles A. Price, *The Methods and Statistics of 'Southern Europeans in Australia'* (Canberra: The Australian National University, 1963), p. 45.

10. E. Franklin Frazier, "The Negro Family in Chicago", *E. Franklin Frazier on Race Relations: Selected Writings*, editado por G. Franklin Edwards (Chicago: University of Chicago Press, 1968), pp. 122-126.

11. E. Franklin Frazier, "The Impact of Urban Civilization Upon Negro Family Life", *American Sociological Review*, vol. 2, n. 5 (outubro de 1937), p. 615.

12. David M. Katzman, *Before the Ghetto: Black Detroit in the Nineteenth Century* (Urbana: University of Illinois Press, 1973), p. 27.

13. Kenneth L. Kusmer, *A Ghetto Takes Shape: Black Cleveland, 1870-1930* (Urbana: University of Illinois Press, 1978), p. 209.

14. Jonathan Gill, *Harlem*, p. 284.

15. Andrew F. Brimmer, "The Labor Market and the Distribution of Income", *Reflections of America: Commemorating the Statistical Abstract Centennial*, editado por Norman Cousins (Washington: U.S. Department of Commerce, Bureau of the Census, 1980), pp. 102-103.

NOTAS

16. William Julius Wilson, *When Work Disappears: The World of the New Urban Poor* (Nova York: Alfred A. Knopf, 1996), p. 195.

17. Horace Mann Bond, *A Study of Factors Involved in the Identification and Encouragement of Unusual Academic Talent among Underprivileged Populations* (U.S. Department of Health, Education, and Welfare, janeiro de 1967), p. 147. [Contrato N. SAE 8028, Projeto N. 5-0859].

18. Ibid.

19. Ver, por exemplo, Willard B. Gatewood, *Aristocrats of Color: The Black Elite, 1880-1920* (Bloomington: Indiana University Press, 1990), pp. 188-189, 247; David M. Katzman, *Before the Ghetto*, Chapter V; Theodore Hershberg e Henry Williams, "Mulattoes and Blacks: Intra-Group Differences and Social Stratification in Nineteenth-Century Philadelphia", *Philadelphia: Work, Space, Family, and Group Experience in the Nineteenth Century*, editado por Theodore Hershberg (Oxford: Oxford University Press, 1981), pp. 392-434.

20. Stephen Birmingham, *Certain People: America's Black Elite* (Boston: Little, Brown and Company, 1977), pp. 196-197. Como nota pessoal, eu entregava compras para os moradores desse edifício durante a adolescência e tinha acesso pela entrada de serviço no porão, e não pela entrada frontal com toldo, porteiro uniformizado e recepção decorada. Meu próprio apartamento ficava em um edifício perto dali.

21. St. Clair Drake e Horace R. Cayton, *Black Metropolis: A Study of Negro Life in a Northern City*, edição revisada e ampliada (Chicago: University of Chicago Press, 1993), pp. 73-74; James R. Grossman, "African-American Migration to Chicago", *Ethnic Chicago*, 4ª edição, editado por Melvin G. Holli e Peter d'A. Jones, pp. 323, 332, 333-334; Henri Florette, *Black Migration: Movement North, 1900-1920* (Garden City: Anchor Press, 1975), pp. 96-97; Allan H. Spear, *Black Chicago: The Making of a Negro Ghetto, 1890-1920* (Chicago: University of Chicago Press, 1967), p. 168.

22. James R. Grossman, "African-American Migration to Chicago", *Ethnic Chicago*, 4ª edição, editado por Melvin G. Holli e Peter d'A. Jones, pp. 323, 330, 332, 333-334; Willard B. Gatewood, *Aristocrats of Color*, pp. 186-187, 332; Allan H. Spear, *Black Chicago*, p. 168; E. Franklin Frazier, *The Negro in the United States*, edição revisada (Nova York: Macmillan, 1957), p. 284;

DISCRIMINAÇÃO E DISPARIDADES

Henri Florette, *Black Migration*, pp. 96-97; Gilbert Osofsky, *Harlem: The Making of a Ghetto, Negro New York 1890-1930* (Nova York: Harper & Row, 1966), pp. 43-44; Ivan H. Light, *Ethnic Enterprise in America: Business and Welfare Among Chinese, Japanese, and Blacks* (Berkeley: University of California Press, 1972), Figura 1 (após p. 100); W.E.B. Du Bois, *The Black North in 1901: A Social Study* (Nova York: Arno Press, 1969), p. 25.

23. James R. Grossman, "African-American Migration to Chicago", *Ethnic Chicago*, 4ª edição, editado por Melvin G. Holli e Peter d'A. Jones, p. 331; Ver também Ethan Michaeli, *The Defender: How the Legendary Black Newspaper Changed America* (Boston: Houghton Mifflin Harcourt, 2016), p. 84.

24. Willard B. Gatewood, *Aristocrats of Color*, pp. 186-187; James R. Grossman, "African-American Migration to Chicago", *Ethnic Chicago*, 4ª edição, editado por Melvin G. Holli e Peter d'A. Jones, pp. 323, 330; St. Clair Drake e Horace R. Cayton, *Black Metropolis*, edição revisada e ampliada, pp. 73-74.

25. E. Franklin Frazier, *The Negro in the United States*, edição revisada, p. 643.

26. De acordo com o professor Steven Pinker, "a diferença norte-sul não é subproduto da diferença branco-negro. Sulistas brancos são mais violentos que nortistas brancos e sulistas negros são mais violentos que nortistas negros". Steven Pinker, *The Better Angels of Our Nature: Why Violence Has Declined* (Nova York: Viking, 2011 [*Os anjos bons da nossa natureza: por que a violência diminuiu*. São Paulo: Companhia das Letras, 2013]), p. 94.

27. Davison M. Douglas, *Jim Crow Moves North: The Battle over Northern School Segregation, 1865-1954* (Cambridge: Cambridge University Press, 2005), pp. 2-5, 61-62; Willard B. Gatewood, *Aristocrats of Color*, p. 250; E. Franklin Frazier, *The Negro in the United States*, edição revisada, p. 441.

28. Willard B. Gatewood, *Aristocrats of Color*, pp. 64, 65, 300-301; E. Franklin Frazier, *The Negro in the United States*, edição revisada, pp. 250-251.

29. Davison M. Douglas, *Jim Crow Moves North*, pp. 128, 129; Kenneth L. Kusmer, *A Ghetto Takes Shape*, pp. 57, 64-65, 75-76, 80, 178-179.

30. Davison M. Douglas, *Jim Crow Moves North*, pp. 130-131; Willard B. Gatewood, *Aristocrats of Color*, p. 147.

31. Marilynn S. Johnson, *The Second Gold Rush: Oakland and the East Bay in World War II* (Berkeley: University of California Press, 1993), p. 198.

NOTAS

32. Douglas Henry Daniels, *Pioneer Urbanites: A Social and Cultural History of Black San Francisco* (Filadélfia: Temple University Press, 1980), pp. 50, 75, 77, 97.

33. Marilynn S. Johnson, *The Second Gold Rush*, p. 52.

34. Ibid., p. 55.

35. Douglas Henry Daniels, *Pioneer Urbanites*, p. 165.

36. Marilynn S. Johnson, *The Second Gold Rush*, pp. 95-96, 152, 170; E. Franklin Frazier, *The Negro in the United States*, edição revisada, p. 270; Douglas Henry Daniels, *Pioneer Urbanites*, pp. 171-175.

37. E. Franklin Frazier, *The Negro in the United States*, edição revisada, p. 270.

38. Arthur R. Jensen, *Genetics and Education* (Nova York: Harper & Row, 1972), pp. 106-107, 129-130.

39. William Julius Wilson, *More Than Just Race: Being Black and Poor in the Inner City* (Nova York: W.W. Norton & Company, 2009), pp. 1-2.

40. Walter E. Williams, *Race & Economics: How Much Can Be Blamed on Discrimination* (Stanford: Hoover Institution Press, 2011), p. 117.

41. Ver Abbot Emerson Smith, *Colonists in Bondage: White Servitude and Convict Labor in America 1607-1776* (Gloucester: Peter Smith, 1965), pp. 3-4.

42. E. Franklin Frazier, *The Negro in the United States*, edição revisada, pp. 22-26; John Hope Franklin, *From Slavery to Freedom: A History of American Negroes*, 2ª edição (Nova York: Alfred A. Knopf, 1947), pp. 70-72.

43. Steven Pinker, *The Better Angels of Our Nature*, p. 97.

44. St. Clair Drake e Horace R. Cayton, *Black Metropolis*, edição revisada e ampliada, pp. 44-45.

45. David M. Katzman, *Before the Ghetto*, pp. 35, 69, 102, 200.

46. Ibid., p. 160.

47. W.E.B. Du Bois, *The Philadelphia Negro: A Social Study* (Nova York: Schocken Books, 1967), pp. 7, 41-42, 305-306.

48. Jacob Riis, *How the Other Half Lives: Studies among the Tenements of New York* (Cambridge: Harvard University Press, 1970), p. 99; David M. Katzman, *Before the Ghetto*, pp. 35, 37, 138, 139, 160; St. Clair Drake e Horace R. Cayton, *Black Metropolis*, edição revisada e ampliada, pp. 44-45; Willard B. Gatewood, *Aristocrats of Color*, p. 125.

DISCRIMINAÇÃO E DISPARIDADES

49. Davison M. Douglas, *Jim Crow Moves North*, p. 3.

50. Jacob Riis, *How the Other Half Lives*, p. 99.

51. Davison M. Douglas, *Jim Crow Moves North*, p. 3.

52. Ibid., pp. 155-156.

53. Ibid., pp. 154.

54. Ver, por exemplo, Jacqueline A. Stefkovich e Terrence Leas, "A Legal History of Desegregation in Higher Education", *Journal of Negro Education*, vol. 63, n. 3 (verão de 1994), pp. 409-410.

55. *Brown v. Board of Education of Topeka*, 347 U.S. 483 (1954), at 495.

56. Ibid., at 494.

57. T. Rees Shapiro, "Vanished Glory of an All-Black High School", *Washington Post*, 19 de janeiro de 2014, p. B6.

58. Henry S. Robinson, "The M Street High School, 1891-1916", *Records of the Columbia Historical Society*, Washington, D.C., vol. LI (1984), p. 122; *Report of the Board of Trustees of Public Schools of the District of Columbia to the Commissioners of the District of Columbia: 1898-99* (Washington: Government Printing Office, 1900), pp. 7, 11.

59. Mary Gibson Hundley, *The Dunbar Story: 1870-1955* (Nova York: Vantage Press, 1965), p. 75.

60. Ibid., p. 78. Mary Church Terrell, "History of the High School for Negroes in Washington", *Journal of Negro History*, vol. 2, n. 3 (julho de 1917), p. 262.

61. Louise Daniel Hutchison, *Anna J. Cooper: A Voice from the South* (Washington: The Smithsonian Institution Press, 1981), p. 62; Jervis Anderson, "A Very Special Monument", *The New Yorker*, 20 de março de 1978, p. 100; Alison Stewart, *First Class: The Legacy of Dunbar, America's First Black Public High School* (Chicago: Lawrence Hill Books, 2013), p. 99; "The Talented Black Scholars Whom No White University Would Hire", *Journal of Blacks in Higher Education*, n. 58 (inverno de 2007/2008), p. 81.

62. Tucker Carlson, "From Ivy League to NBA", *Policy Review*, primavera de 1993, p. 36.

63. Daniel Bergner, "Class Warfare", *New York Times Magazine*, 7 de setembro de 2014, p. 62.

NOTAS

64. Ver, por exemplo, Alex Kotlowitz, "Where Is Everyone Going?" *Chicago Tribune*, 10 de março de 2002; Mary Mitchell, "Middle-Class Neighborhood Fighting to Keep Integrity", *Chicago Sun-Times*, 10 de novembro de 2005, p. 14; Jessica Garrison e Ted Rohrlich, "A Not-So--Welcome Mat", *Los Angeles Times*, 17 de junho de 2007, p. A1; Paul Elias, "Influx of Black Renters Raises Tension in Bay Area", *The Associated Press*, 31 de dezembro de 2008; Mick Dumke, "Unease in Chatham, But Who's at Fault?" *New York Times*, 29 de abril de 2011, p. A23; James Bovard, "Raising Hell in Subsidized Housing", *Wall Street Journal*, 18 de agosto de 2011, p. A15; Frank Main, "Crime Felt from CHA Relocations", *Chicago Sun-Times*, 5 de abril de 2012, p. 18.

65. Alex Kotlowitz, "Where Is Everyone Going?" *Chicago Tribune*, 10 de março de 2002.

66. Mary Mitchell, "Middle-Class Neighborhood Fighting to Keep Integrity", *Chicago Sun-Times*, 10 de novembro de 2005, p. 14.

67. Mick Dumke, "Unease in Chatham, But Who's at Fault?" *New York Times*, 29 de abril de 2011, p. A23.

68. Gary Gilbert, "People Must Get Involved in Section 8 Reform", *Contra Costa Times*, 18 de novembro de 2006, p. F4.

69. Geetha Suresh e Gennaro F. Vito, "Homicide Patterns and Public Housing: The Case of Louisville, KY (1989-2007), *Homicide Studies*, vol. 13, n. 4 (novembro de 2009), pp. 411-433.

70. Alex Kotlowitz, "Where Is Everyone Going?" *Chicago Tribune*, 10 de março de 2002.

71. Ibid.

72. J.D. Vance, *Hillbilly Elegy: A Memoir of a Family and Culture in Crisis* (New York: HarperCollins, 2016 [*Era uma vez um sonho: A elegia de um mundo em transformação*. São Paulo: Leya, 2017]), p. 140.

73. Ibid., p. 141.

74. Lisa Sanbonmatsu, Jeffrey R. Kling, Greg J. Duncan e Jeanne Brooks-Gunn, "Neighborhoods and Academic Achievement: Results from the Moving to Opportunity Experiment", *The Journal of Human Resources*, vol. 41, n. 4 (outono de 2006), p. 682.

DISCRIMINAÇÃO E DISPARIDADES

75. Jens Ludwig *et al.*, "What Can We Learn about Neighborhood Effects from the Moving to Opportunity Experiment?" *American Journal of Sociology*, vol. 114, n. 1 (julho de 2008), p. 148.

76. Jeffrey R. Kling *et al.*, "Experimental Analysis of Neighborhood Effects", *Econometrica*, vol. 75, n. 1 (janeiro de 2007), p. 99.

77. Jens Ludwig *et al.*, "Long-Term Neighborhood Effects on Low-Income Families: Evidence from Moving to Opportunity", *American Economic Review*, vol. 103, n. 3 (maio de 2013), p. 227.

78. Lawrence F. Katz, Jeffrey R. Kling e Jeffrey B. Liebman, "Moving to Opportunity in Boston: Early Results of a Randomized Mobility Experiment", *Quarterly Journal of Economics*, vol. 116, n. 2 (maio de 2001), p. 648.

79. *Moving To Opportunity for Fair Housing Demonstration Program: Final Impacts Evaluation, Summary* (Washington: U.S. Department of Housing and Urban Development, novembro de 2011), p. 3.

80. "HUD's Plan to Diversify Suburbs", *Investor's Business Daily*, 23 de julho de 2013, p. A12.

81. Ibid.

82. Ver, por exemplo, Raj Chetty, Nathaniel Hendren e Lawrence F. Katz, "The Effects of Exposure to Better Neighborhoods on Children: New Evidence from the Moving to Opportunity Experiment", *American Economic Review*, vol. 106, n. 4 (abril de 2016), pp. 857, 899; Lawrence F. Katz, Jeffrey R. Kling e Jeffrey B. Liebman, "Moving to Opportunity in Boston: Early Results of a Randomized Mobility Experiment", *Quarterly Journal of Economics*, vol. 116, n. 2 (maio de 2001), pp. 607, 611-612, 648.

83. *Equal Employment Opportunity Commission v. Sears, Roebuck & Company*, 839 F.2d 302 at 311, 360; Peter Brimelow, "Spiral of Silence", *Forbes*, 25 de maio de 1992, p. 77.

84. Paul Sperry, "Background Checks Are Racist?" *Investor's Business Daily*, 28 de março de 2014, p. A1.

85. Harry J. Holzer, Steven Raphael e Michael A. Stoll, "Perceived Criminality, Criminal Background Checks, and the Racial Hiring Practices of Employers", *Journal of Law and Economics*, vol. 49, n. 2 (outubro de 2006), pp. 451-480.

NOTAS

86. Jason L. Riley, "Jobless Blacks Should Cheer Background Checks", *Wall Street Journal*, 23 de agosto de 2013, p. A11; Paul Sperry, "Background Checks Are Racist?" *Investor's Business Daily*, 28 de março de 2014, p. A1.

87. Douglas P. Woodward, "Locational Determinants of Japanese Manufacturing Start-ups in the United States", *Southern Economic Journal*, vol. 58, edição 3 (janeiro de 1992), pp. 700, 706; Robert E. Cole e Donald R. Deskins, Jr., "Racial Factors in Site Location and Employment Patterns of Japanese Auto Firms in America", *California Management Review*, outono de 1988, pp. 17-18.

88. Philip S. Foner, "The Rise of the Black Industrial Working Class, 1915-1918", *African Americans in the U.S. Economy*, editado por Cecilia A. Conrad *et al.* (Lanham: Rowman and Littlefield, 2005), pp. 38-43; Leo Alilunas, "Statutory Means of Impeding Emigration of the Negro", *Journal of Negro History*, vol. 22, n. 2 (abril de 1937), pp. 148-162; Carole Marks, "Lines of Communication, Recruitment Mechanisms, and the Great Migration of 1916-1918", *Social Problems*, vol. 31, n. 1 (outubro de 1983), pp. 73-83; Theodore Kornweibel, Jr., *Railroads in the African American Experience: A Photographic Journey* (Baltimore: Johns Hopkins University Press, 2010), pp. 174-180; Peter Gottlieb, *Making Their Own Way: Southern Blacks' Migration to Pittsburgh, 1916-1930* (Urbana: University of Illinois Press, 1987), pp. 55-59; Sean Dennis Cashman, *America in the Twenties and Thirties: The Olympian Age of Franklin Delano Roosevelt* (Nova York: New York University Press, 1989), p. 267.

89. August Meier e Elliott Rudwick, *Black Detroit and the Rise of the UAW* (Nova York: Oxford University Press, 1979), pp. 9-11; Milton C. Sernett, *Bound for the Promised Land: African American Religion and the Great Migration* (Durham: Duke University Press, 1997), pp. 148-149.

4. O mundo dos números

1. United States Commission on Civil Rights, *Civil Rights and the Mortgage Crisis* (Washington: U.S. Commission on Civil Rights, 2009), p. 53.

2. Ibid. Ver também página 61; Robert B. Avery e Glenn B. Canner, "New Information Reported under HMDA and Its Application in Fair Lending

DISCRIMINAÇÃO E DISPARIDADES

Enforcement", *Federal Reserve Bulletin*, verão de 2005, p. 379; Wilhelmina A. Leigh e Danielle Huff, "African Americans and Homeownership: The Subprime Lending Experience, 1995 to 2007", *Joint Center for Political and Economic Studies*, novembro de 2007, p. 5.

3. Jim Wooten, "Answers to Credit Woes are Not in Black and White", *Atlanta Journal-Constitution*, 6 de novembro de 2007, p. 12A.

4. Harold A. Black, M. Cary Collins e Ken B. Cyree, "Do Black-Owned Banks Discriminate Against Black Borrowers?" *Journal of Financial Services Research*, vol. 11, edição 1-2 (fevereiro de 1997), pp. 189-204.

5. Robert Rector e Rea S. Hederman, "Two Americas: One Rich, One Poor? Understanding Income Inequality in the United States", Heritage Foundation *Backgrounder*, n. 1791 (24 de agosto de 2004), pp. 7, 8.

6. O número de pessoas nos vários quintis em 2015 foi computado ao se multiplicar o número de "unidades de consumo" em cada quintil pelo número médio de pessoas em cada unidade consumidora. Ver tabela 1 em Veri Crain e Taylor J. Wilson, "Use with Caution: Interpreting Consumer Expenditure Income Group Data", *Beyond the Numbers* (Washington: U.S. Bureau of Labor Statistics, maio de 2017), p. 3.

7. Ibid.

8. Herman P. Miller, *Income Distribution in the United States* (Washington: U.S. Department of Commerce, Bureau of the Census, 1966), p. 7.

9. Rose M. Kreider e Diana B. Elliott, "America's Family and Living Arrangements: 2007", *Current Population Reports*, P20-561 (Washington: U.S. Bureau of the Census, 2009), p. 5.

10. W. Michael Cox e Richard Alm, "By Our Own Bootstraps: Economic Opportunity & the Dynamics of Income Distribution", *Annual Report, 1995*, Federal Reserve Bank of Dallas, p. 8.

11. Richard V. Reeves, "Stop Pretending You're Not Rich", *New York Times*, 11 de junho de 2017, seção Sunday Review, p. 5.

12. Mark Robert Rank, Thomas A. Hirschl e Kirk A. Foster, *Chasing the American Dream: Understanding What Shapes Our Fortunes* (Oxford: Oxford University Press, 2014), p. 105.

NOTAS

13. U.S. Department of the Treasury, "Income Mobility in the U.S. from 1996 to 2005", 13 de novembro de 2007, pp. 2, 4, 7.

14. Ibid., pp. 2, 4; Internal Revenue Service, "The 400 Individual Income Tax Returns Reporting the Highest Adjusted Gross Incomes Each Year, 1992--2000", *Statistics of Income Bulletin*, primavera de 2003, publicação 1.136 (revisão de 06/03), p. 7.

15. Heather Mac Donald, *Are Cops Racist? How the War Against the Police Harms Black Americans* (Chicago: Ivan R. Dee, 2003), pp. 28, 31, 32.

16. Ibid., pp. 28-34.

17.

GRUPOS	IDADE MÉDIA
Negros	33,2
Cambojanos	31,6
Chineses	38,2
Cubanos	40,4
Japoneses	49,6
Mexicanos	26,4
Porto-riquenhos	29,0
Brancos	40,3
POPULAÇÃO TOTAL	37,6

Fonte: U.S. Census Bureau, B01002, Median Age by Sex, Universe: Total Population, 2011-2015 American Community Survey Selected Population Tables.

18. Heather Mac Donald, *Are Cops Racist?*, p. 29.

19. Heather Mac Donald, *The War on Cops: How the New Attack on Law and Order Makes Everyone Less Safe* (Nova York: Encounter Books, 2016), pp. 56-57, 69-71.

20. Sterling A. Brown, *A Son's Return: Selected Essays of Sterling A. Brown*, editado por Mark A. Sanders (Boston: Northeastern University Press, 1996), p. 73.

21. Mark Robert Rank, Thomas A. Hirschl e Kirk A. Foster, *Chasing the American Dream*, p. 97.

DISCRIMINAÇÃO E DISPARIDADES

22. Internal Revenue Service, "The 400 Individual Income Tax Returns Reporting the Highest Adjusted Gross Incomes Each Year, 1992-2000", *Statistics of Income Bulletin*, primavera de 2003, publicação 1.136 (revisão de 06/03), p. 7.

23. Com nove pessoas transitórias estando na faixa mais elevada de renda por apenas um ano de cada década, noventa pessoas passarão por essa faixa em uma década. A pessoa que permanece na faixa mais elevada de renda todos os anos eleva o número total de pessoas nessa faixa em algum momento da década para 91. A renda total das pessoas transitórias durante a década, que era de 12,6 milhões de dólares para as nove pessoas iniciais, soma-se aos 126 milhões de dólares das noventa pessoas transitórias que passaram um ano na faixa mais elevada de renda. Quando os 5 milhões de dólares recebidos pela pessoa que esteve nessa faixa durante todos os dez anos da década são somados, isso se traduz em 131 milhões de dólares para as 91 pessoas que ali estiveram em algum momento da década. Essas 91 pessoas têm uma renda média anual de 143.956,04 dólares, menos que três vezes a renda média anual das dez pessoas que ganham 50 mil por ano.

24. Ver dados e documentação em Thomas Sowell, *Wealth, Poverty and Politics*, edição revisada e ampliada (Nova York: Basic Books, 2016), pp. 321-322.

25. William Julius Wilson, *When Work Disappears: The World of the New Urban Poor* (Nova York: Alfred A. Knopf, 1996), p. xix.

26. Ibid., p. 67.

27. Ibid., p. 140.

28. Ibid., pp. 178, 179.

29. David Caplovitz, *The Poor Pay More: Consumer Practices of Low-Income Families* (Nova York: The Free Press, 1967), pp. 94-95.

30. J.D. Vance, *Hillbilly Elegy: A Memoir of a Family and Culture in Crisis* (Nova York: HarperCollins, 2016 [*Era uma vez um sonho: A elegia de um mundo em transformação*. São Paulo: Leya, 2017]), p. 93.

31. Ibid., p. 57.

32. Ibid.

33. John U. Ogbu, *Black American Students in an Affluent Suburb: A Study of Academic Disengagement* (Mahwah: Lawrence Erlbaum Associates, 2003), pp. 15, 17, 21, 28, 240.

NOTAS

34. Richard Lynn, *The Global Bell Curve: Race, IQ, and Inequality Worldwide* (Augusta: Washington Summit Publishers, 2008), p. 51.

35. James Bartholomew, *The Welfare of Nations* (Washington: The Cato Institute, 2016), pp. 104-106.

36. Michael A. Fletcher e Jonathan Weisman, "Bush Supports Democrats' Minimum Wage Hike Plan", *Washington Post*, 21 de dezembro de 2006, p. A14.

37. "Labours Lost", *The Economist*, 15 de julho de 2000, pp. 64-65; Robert W. Van Giezen, "Occupational Wages in the Fast-Food Restaurant Industry", *Monthly Labor Review*, agosto de 1994, pp. 24-30.

38. "Labours Lost", *The Economist*, 15 de julho de 2000, pp. 64-65.

39. Richard A. Lester, "Shortcomings of Marginal Analysis for Wage-Employment Problems", *American Economic Review*, vol. 36, n. 1 (março de 1946), pp. 63-82.

40. David Card e Alan B. Krueger, "Minimum Wages and Employment: A Case Study of the Fast-Food Industry in New Jersey and Pennsylvania", *American Economic Review*, vol. 84, n. 4 (setembro de 1994), pp. 772-793; David Card e Alan B. Krueger, *Myth and Measurement: The New Economics of the Minimum Wage* (Princeton: Princeton University Press, 1995); Douglas K. Adie, Book Review, "Myth and Measurement: The New Economics of the Minimum Wage", *Cato Journal*, vol. 15, n. 1 (primavera/verão de 1995), pp. 137-140.

41. Richard B. Berman, "Dog Bites Man: Minimum Wage Hikes Still Hurt", *Wall Street Journal*, 29 de março de 1995, p. A12; "Testimony of Richard B. Berman", *Evidence Against a Higher Minimum Wage*, Hearing Before the Joint Economic Committee, Congress of the United States, One Hundred Fourth Congress, first session, 5 de abril de 1995, parte II, pp. 12-13; Gary S. Becker, "It's Simple: Hike the Minimum Wage, and You Put People Out of Work", *BusinessWeek*, 6 de março de 1995, p. 22; Paul Craig Roberts, "A Minimum-Wage Study with Minimum Credibility", *BusinessWeek*, 24 de abril de 1995, p. 22.

42. Dara Lee Luca e Michael Luca, "Survival of the Fittest: The Impact of the Minimum Wage on Firm Exit", Harvard Business School, Documento de trabalho 17-088, 2017, pp. 1, 2, 3, 10.

43. Don Watkins e Yaron Brook, *Equal Is Unfair: America's Misguided Fight Against Income Inequality* (Nova York: St. Martin's Press, 2016), p. 125.

DISCRIMINAÇÃO E DISPARIDADES

44. Ekaterina Jardim *et al.*, "Minimum Wage Increases, Wages, and Low-Wage Employment: Evidence from Seattle", Documento de trabalho n. 23.532, "Resumo" (Cambridge: National Bureau of Economic Research, junho de 2017).

45. "Economic and Financial Indicators", *The Economist*, 15 de março de 2003, p. 100.

46. "Economic and Financial Indicators", *The Economist*, 2 de março de 2013, p. 88.

47. "Economic and Financial Indicators", *The Economist*, 7 de setembro de 2013, p. 92.

48. "Hong Kong's Jobless Rate Falls", *Wall Street Journal*, 16 de janeiro de 1991, p. C16.

49. U. S. Bureau of the Census, *Historical Statistics of the United States: Colonial Times to 1970* (Washington: Government Printing Office, 1975), parte 1, p. 126.

50. Burton W. Fulsom, Jr., *The Myth of the Robber Barons: A New Look at the Rise of Big Business in America*, 6ª edição (Herndon: Young America's Foundation, 2010), pp. 108, 109, 115, 116.

51. Ibid., p. 116.

52. Alan Reynolds, "Why 70% Tax Rates Won't Work", *Wall Street Journal*, 16 de junho de 2011, p. A19; Stephen Moore, "Real Tax Cuts Have Curves", *Wall Street Journal*, 13 de junho de 2005, p. A13.

53. Edmund L. Andrews, "Surprising Jump in Tax Revenues Curbs U.S. Deficit", *New York Times*, 9 de julho de 2006, p. A1.

54. Ekaterina Jardim *et al.*, "Minimum Wage Increases, Wages, and Low-Wage Employment: Evidence from Seattle", Documento de trabalho n. 23.532, "Resumo" (Cambridge: National Bureau of Economic Research, junho de 2017).

5. Visões sociais e consequências humanas

1. Gabriel Tortella, "Patterns of Economic Retardation and Recovery in South--Western Europe in the Nineteenth and Twentieth Centuries", *Economic History Review*, vol. 47, n. 1 (fevereiro de 1994), p. 2.

NOTAS

2. Steven Pinker, *The Better Angels of Our Nature: Why Violence Has Declined* (Nova York: Viking, 2011 [*Os anjos bons da nossa natureza: por que a violência diminuiu*. São Paulo: Companhia das Letras, 2013]), pp. 85-87, 93-104.

3. Darrel Hess, *McKnight's Physical Geography: A Landscape Appreciation*, 11ª edição (Boston: Pearson Education, Inc., 2014), p. 198.

4. T. Scott Bryan, *The Geysers of Yellowstone*, 4ª edição (Boulder: University of Colorado Press, 2008), pp. 9-10, 406-407.

5. *The World Almanac and Book of Facts: 2017* (Nova York: World Almanac Books, 2017), pp. 687, 688.

6. Exemplos documentados podem ser encontrados em meus *The Vision of the Anointed: Self- Congratulation as a Basis for Social Policy* (Nova York: Basic Books, 1995), pp. 35-37 e *Intellectuals and Society*, 2ª edição (Nova York: Basic Books, 2012), pp. 116-119. Exemplos isolados surgiram em meus *Conquests and Cultures: An International History* (Nova York: Basic Books, 1998), pp. 125, 210, 217 e *Migrations and Cultures: A World View* (Nova York: Basic Books, 1996), pp. 4, 17, 31, 57, 123, 130, 135, 152, 154, 157, 176, 179, 193, 196, 211, 265, 277, 278, 289, 297, 298, 300, 320, 345-346, 353-354, 355, 358, 366, 372-373.

7. The Economist, *Pocket World in Figures: 2017 edition* (Londres: Profile Books, 2016), p. 18.

8. Bureau of Justice Statistics, *Survey of State Prison Inmates, 1991* (Washington: U.S. Department of Justice, 1993), p. 9.

9. Malcolm Gladwell, *Outliers: The Story of Success* (Nova York: Little, Brown and Company, 2008), pp. 111-113.

10. Oliver MacDonagh, "The Irish Famine Emigration to the United States", *Perspectives in American History*, vol. X (1976), p. 405; Thomas Bartlett, *Ireland: A History* (Nova York: Cambridge University Press, 2010), p. 284.

11. W.E. Vaughan e A.J. Fitzpatrick (ed.), *Irish Historical Statistics: Population, 1821-1971* (Dublin: Royal Irish Academy, 1978), pp. 260-261.

12. Tyler Anbinder, *City of Dreams: The 400-Year Epic History of Immigrant New York* (Boston: Houghton Mifflin Harcourt, 2016), p. 127.

13. Ver, por exemplo, Jason L. Riley, *Please Stop Helping Us: How Liberals Make It Harder for Blacks to Succeed* (Nova York: Encounter Books, 2014), pp.

DISCRIMINAÇÃO E DISPARIDADES

42-43; "Now D.C. Bans Suspensions as Racist", *Investor's Business Daily*, 18 de julho de 2014, p. A14; "Classrooms Run by the Unsuspended", *Investor's Business Daily*, 3 de julho de 2014, p. A14; Paul Sperry, "AG Holder Urges Schools to Go Easy on Discipline", *Investor's Business Daily*, 9 de janeiro de 2014, p. A1; Eva S. Moskowitz, "Turning Schools Into Fight Clubs", *Wall Street Journal*, 2 de abril de 2015, p. A15. Ver também Theodore Dalrymple, *Life at the Bottom: The Worldview That Makes the Underclass* (Chicago: Ivan R. Dee, 2001), pp. 68-69; James Bartholomew, *The Welfare of Nations* (Washington: The Cato Institute, 2016), p. 103.

14. Nina Easton, "Class, Reimagined", *Fortune*, 15 de março de 2015, p. 34; Daniel Bergner, "Class Warfare", *New York Times Magazine*, 7 de setembro de 2014, pp. 60-68; Jay Mathews, "KIPP Continues to Break the Mold and Garner Excellent Results", *Washington Post*, 3 de fevereiro de 2014, p. B2; Jay Mathews, "Five-Year Study Concludes that KIPP Student Gains Are Substantial", *Washington Post*, 2 de março de 2013, p. B2; *KIPP: 2014 Report Card* (São Francisco: KIPP Foundation, 2014), pp. 10, 19.

15. James Bartholomew, *The Welfare of Nations*, p. 103.

16. Ibid., p. 92.

17. "The World's Billionaires", *Forbes*, 28 de março de 2017, pp. 84-85. Lenin tentou resgatar a teoria marxista ao alegar que países ricos exploravam países pobres e partilhavam alguns de seus "super-lucros" com suas próprias classes trabalhadoras, a fim de evitar a revolução. Mas, na verdade, a maioria dos investimentos internacionais dos países ricos está concentrada em outros países ricos, com os investimentos em países pobres sendo uma fração muito pequena dos investimentos estrangeiros e os rendimentos sendo uma fração muito pequena de sua renda total com investimentos estrangeiros. Ver o meu *Wealth, Poverty and Politics*, edição revisada e ampliada (Nova York: Basic Books, 2016) pp. 245-247.

18. Para exemplos específicos, ver meu *Wealth, Poverty and Politics*, edição revisada e ampliada, p. 136.

19. Ver, por exemplo, respostas hostis aos dados empíricos de Daniel Patrick Moynihan, James S. Coleman, Jay Belsky e Heather Mac Donald em Jean M. White, "Moynihan Report Criticized as 'Racist,'" *Washington Post*, 22

NOTAS

de novembro de 1965, p. A3; William Ryan, "Savage Discovery: The Moynihan Report", *The Nation*, 22 de novembro de 1965, pp. 380-384; Diane Ravitch, "The Coleman Reports and American Education", *Social Theory and Social Policy: Essays in Honor of James S. Coleman*, editado por Aage B. Sorenson e Seymour Spilerman (Westport: Praeger, 1993), pp. 129-141; James Bartholomew, *The Welfare of Nations*, pp. 174-175; Tim Lynch, "There Is No War on Cops", *Reason*, agosto/setembro de 2016, pp. 58-61; William McGurn, "The Silencing of Heather Mac Donald", *Wall Street Journal*, 11 de abril de 2017, p. A15.

20. "Bicker Warning", *The Economist*, 1º de abril de 2017, p. 23.

21. Theodore Dalrymple, *Life at the Bottom*, p. 6.

22. Barry Latzer, *The Rise and Fall of Violent Crime in America* (Nova York: Encounter Books, 2016), p. 19; *Today's VD Control Problem: Joint Statement by The American Public Health Association, The American Social Health Association, The American Venereal Disease Association, The Association of State and Territorial Health Officers in co-operation with The American Medical Association*, fevereiro de 1966, p. 20; Hearings Before the Select Committee on Population, Ninety-Fifth Congress, Second Session, *Fertility and Contraception in America: Adolescent and Pre-Adolescent Pregnancy* (Washington: U.S. Government Printing Office, 1978), vol. II, p. 625; Jacqueline R. Kasun, *The War Against Population: The Economics and Ideology of World Population Control* (São Francisco: Ignatius Press, 1988), pp. 142, 143, 144; Sally Curtin *et al.*, "2010 Pregnancy Rates Among U.S. Women", *National Center for Health Statistics*, dezembro de 2015, p. 6.

23. U.S. Bureau of the Census, *Historical Statistics of the United States: Colonial Times to 1970* (Washington: Government Printing Office, 1975), parte I, p. 414.

24. Stephan Thernstrom e Abigail Thernstrom, *America in Black and White: One Nation, Indivisible* (Nova York: Simon & Schuster, 1997), p. 262.

25. Steven Pinker, *The Better Angels of Our Nature*, pp. 106-107.

26. John Kenneth Galbraith, *The Selected Letters of John Kenneth Galbraith*, editado por Richard P.F. Holt (Cambridge: Cambridge University Press, 2017), p. 47.

DISCRIMINAÇÃO E DISPARIDADES

27. James Bartholomew, *The Welfare of Nations*, pp. 187-189.

28. Joyce Lee Malcolm, *Guns and Violence: The English Experience* (Cambridge: Harvard University Press, 2002), p. 168.

29. Ver, por exemplo, Sean O'Neill e Fiona Hamilton, "Mobs Rule as Police Surrender Streets", *The Times* (Londres), 9 de agosto de 2011, pp. 1, 5; Martin Beckford *et al.*, "Carry On Looting", *The Daily Telegraph* (Londres), 8 de agosto de 2011, pp. 1, 2; Philip Johnston, "The Long Retreat of Order", *The Daily Telegraph* (Londres), 10 de agosto de 2011, p. 19; Alistair MacDonald e Guy Chazan, "World News: Britain Tallies Damage and Sets Out Anti--Riot Steps", *Wall Street Journal*, 12 de agosto de 2011, p. A6.

30. Theodore Dalrymple, *Life at the Bottom*, pp. 136-139; James Bartholomew, *The Welfare of Nations*, p. 203.

31. Stephan Thernstrom e Abigail Thernstrom, *America in Black and White*, p. 238.

32. Ibid., p. 237.

33. Charles Murray, *Coming Apart: The State of White America: 1960-2010* (New York: Crown Forum, 2012), pp. 160, 161.

34. James Bartholomew, *The Welfare of Nations*, p. 164.

35. Para documentação, ver Thomas Sowell, *Inside American Education: The Decline, the Deception, the Dogmas* (Nova York: Free Press, 1993), capítulo 1.

36. E.W. Kenworthy, "Action by Senate: Revised Measure Now Goes Back to House for Concurrence", *New York Times*, 20 de junho de 1964, p. 1; "House Civil Rights Vote", *New York Times*, 3 de julho de 1964, p. 9; E.W. Kenworthy, "Voting Measure Passed by House", *New York Times*, 4 de agosto de 1965, pp. 1, 17; "Vote Rights Bill: Senate Sends Measure to LBJ", *Los Angeles Times*, 5 de agosto de 1965, p. 1.

37. Steven Pinker, *The Better Angels of Our Nature*, pp. 106-116. Além das evidências estatísticas, relatos de testemunhas mostram a mesma degeneração em ambos os lados do Atlântico. Ver, por exemplo, Theodore Dalrymple, *Life at the Bottom*, pp. x, xi, 45, 67, 72, 139, 153, 166, 181, 188, 223-225; J.D. Vance, *Hillbilly Elegy: A Memoir of a Family and Culture in Crisis* (Nova York: HarperCollins, 2016 [*Era uma vez um sonho: A elegia de um mundo em transformação*. São Paulo: Leya, 2017]), pp. 20-22, 49-50, 51; Charles Murray,

NOTAS

Coming Apart, pp. 167, 210-220, 271-272. Esses relatos de tendências entre a classe baixa branca mostram grande similaridade com muitas tendências conhecidas entre a classe baixa negra.

38. Shelby Steele, *White Guilt: How Blacks and Whites Together Destroyed the Promise of the Civil Rights Era* (Nova York: HarperCollins Publishers, 2006), p. 123.

39. Ibid., p. 124.

40. Stephan Thernstrom e Abigail Thernstrom, *America in Black and White*, pp. 233-234.

41. James Bartholomew, *The Welfare of Nations*, p. 195.

42. David Cole, "Can Our Shameful Prisons Be Reformed?" *New York Review of Books*, 19 de novembro de 2009, p. 41.

43. James Bartholomew, *The Welfare of Nations*, p. 195.

44. John McWhorter, *Talking Back, Talking Black: Truths About America's Lingua Franca* (Nova York: Bellevue Literary Press, 2017), p. 11.

45. Ibid., pp. 98-101.

46. Ibid., p. 12.

47. Ibid., p. 13.

48. Ibid., p. 12.

49. Seu livro, *Talking Back, Talking Black* inclui esta dedicatória: "Para Vanessa Hamilton McWhorter, que chegou a este mundo, nascida reflexiva, enquanto eu escrevia este livro. Espero que ela o leia assim que tiver idade suficiente para entender, a fim de que nem por um segundo pense que a fala das pessoas negras está cheia de erros. E para minha prima Octavia Thompson, que fala o que considero o perfeito inglês negro e desafio qualquer um a insultar."

50. Derek Sayer, *The Coasts of Bohemia: A Czech History* (Princeton: Princeton University Press, 1998), p. 90.

51. Melanie Kirkpatrick, "Business in a Common Tongue", *Wall Street Journal*, 28 de agosto de 2017, p. A15.

52. David Deterding, *Singapore English* (Edinburgh: Edinburgh University Press, 2007), pp. 4-5; Sandra L. Suárez, "Does English Rule? Language Instruction and Economic Strategies in Singapore, Ireland, and Puerto Rico", *Comparative Politics*, vol. 37, n. 4 (julho de 2005), pp. 465, 467-468.

DISCRIMINAÇÃO E DISPARIDADES

53. Lawrence E. Harrison, *The Pan-American Dream: Do Latin America's Cultural Values Discourage True Partnership with the United States and Canada?* (New York: Basic Books, 1997), p. 207.

54. Jeffrey D. Sachs, *The Age of Sustainable Development* (Nova York: Columbia University Press, 2015), p. 56.

55. Aaron E. Carroll, "Limiting Food Stamp Choices Can Help Fight Obesity", *New York Times*, 27 de setembro de 2016, p. A3; Robert Paarlberg, "Obesity: The New Hunger", *Wall Street Journal*, 11 de maio de 2016, p. A11; James A. Levine, "Poverty and Obesity in the U.S.", *Diabetes*, vol. 60 (novembro de 2011), pp. 2.667-2.668; Sabrina Tavernise, "Study Finds Modest Declines in Obesity Rates Among Young Children from Poor Families", *New York Times*, 26 de dezembro de 2012, p. A18; Associated Press, "Obesity Grows Among the Affluent", *Wall Street Journal*, 3 de maio de 2005, p. D4.

56. Annie Sciacca, "6-Figure Earnings Now 'Low Income' in Marin and SF", *Marin Independent Journal*, 23 de abril de 2017, p. 1.

57. E. Franklin Frazier, "Negro Harlem: An Ecological Study", *American Journal of Sociology*, vol. 43, n. 1 (julho de 1937), pp. 72-88; reimpresso em *E. Franklin Frazier on Race Relations: Selected Writings*, editado por G. Franklin Edwards (Chicago: University of Chicago Press, 1968), pp. 142-160.

58. G. Franklin Edwards (ed.), *E. Franklin Frazier on Race Relations*, pp. 148, 149, 152, 157, 158.

59. "Going Global", *The Economist*, 19 de dezembro de 2015, p. 107.

60. Amy Chua e Jed Rubenfeld, *The Triple Package: How Three Unlikely Traits Explain the Rise and Fall of Cultural Groups in America* (Nova York: The Penguin Press, 2014), p. 39.

61. Warren C. Scoville, *The Persecution of Huguenots and French Economic Development: 1680-1720* (Berkeley: University of California Press, 1960), capítulos VI-X.

62. Kevin D. Williamson, *What Doomed Detroit?*, Encounter Broadside n. 37 (Nova York: Encounter Books, 2013).

63. Ver, por exemplo, Orlando Patterson, *Slavery and Social Death: A Comparative Study* (Cambridge: Harvard University Press, 1982), p. 176; Stanley L. Engerman, *Slavery, Emancipation & Freedom: Comparative Perspectives*

NOTAS

(Baton Rouge: Louisiana State University Press, 2007), pp. 3, 4; William D. Phillips, Jr., *Slavery from Roman Times to the Early Transatlantic Trade* (Minneapolis: University of Minnesota Press, 1985), pp. 46, 47; Ellen Churchill Semple, *Influences of Geographic Environment* (Nova York: Henry Holt and Company, 1911), p. 90; R.W. Beachey, *The Slave Trade of Eastern Africa* (Nova York: Barnes & Noble Books, 1976), p. 182; Harold D. Nelson *et al.*, *Nigeria: A Country Study* (Washington: U.S. Government Printing Office, 1982), p. 16; Christina Snyder, *Slavery in Indian Country: The Changing Face of Captivity in Early America* (Cambridge: Harvard University Press, 2010), pp. 4, 5; T'ung-tsu Ch'ü, *Han Social Structure*, editado por Jack L. Dull (Seattle: University of Washington Press, 1972), pp. 140-141.

64. Robert C. Davis, *Christian Slaves, Muslim Masters: White Slavery in the Mediterranean, the Barbary Coast, and Italy, 1500-1800* (Nova York: Palgrave Macmillan, 2003), p. 23; Philip D. Curtin, *The Atlantic Slave Trade: A Census* (Madison: University of Wisconsin Press, 1969), pp. 72, 75, 87.

65. Um ensaio sobre esse assunto pode ser encontrado em meu *Black Rednecks and White Liberals* (São Francisco: Encounter Books, 2005), pp. 111-169.

66. Edmund Burke, *Reflections on the Revolution in France and Other Writings*, editado por Jesse Norman (Nova York: Alfred A. Knopf, 2015), p. 549.

Índice

administração Coolidge, 118
África do Sul, 48-51, 94
África, 11, 27-28, 67, 123, 128, 150
africanos, 76, 150
agricultura, 47
  fertilidade do solo, 29
  origens, 14
  papel na urbanização, 14
alcoólatras, 34-35
alemães, 16, 67, 151
Alemanha, 16, 151
alfabetização, 11, 19, 20, 21, 126
alíquotas e arrecadações tributárias, 119-120
América do Sul, 28, 67
American Telephone and Telegraph Company (AT&T), 54, 55
americanos negros, 38, 42, 47-48, 51-57, 62, 63, 68, 75, 78, 85, 86, 87, 89, 93, 96-97, 132, 151, 161 (nota 7), 175 (nota 17), 182 (nota 37)

aculturação, 69, 71, 77, 79, 111, 145
atitudes, 110
classificação e desclassificação, 51-53, 68-75, 78-80, 81-86, 87-88, 89-90, 94, 126, 144, 146, 167 (nota 20)
crianças, 132-133
crime e violência, 36, 37, 38, 39, 40, 70, 73, 74, 85, 86, 87, 88, 92-93, 102, 103, 104, 105, 126, 127, 132, 134, 135, 145, 161 (nota 6), 168 (nota 26)
desemprego, 59-61, 117
diferenças internas, 67-70, 145
educação, 70-71, 78-85, 111-112, 126-127, 146-147
emprego, 35-36, 47-48, 55-57, 58-61, 70, 89, 92-94, 117, 164 (nota 31)
famílias uniparentais, 132
famílias, 68, 69, 79, 84-85, 127, 132, 145, 146

DISCRIMINAÇÃO E DISPARIDADES

fatores externos, 110, 111
fatores internos, 110, 111
habitações, 62-63, 68-69, 78
"inglês negro", 140, 183 (nota 49)
leis de salário mínimo, 59-61
migrantes, 69-72, 73, 79, 145
monopólios regulamentados, 54-56
mulatos, 68
ocupações, 55, 56, 57, 68
"pessoas livres de cor", 76, 77
progresso, 78-79, 132-133
rendas, 31, 39, 40, 47, 48, 69, 74, 85-86, 88-89, 90, 111
retrocessos, 70-72, 74, 76, 79-80, 132
tratamento discriminatório, 35, 39, 42-43, 47, 48, 51-57, 61, 62, 63, 66, 70-72, 76-78, 79-80
tratamento preferencial, 55, 56
tumultos, 133, 135
Argentina, 66
asiáticos, 75, 112, 141
asiáticos-americanos, 97, 112, 126
astronautas, 17
Austrália, 66

basquete, 86, 102-103, 126
batatas, 124
beisebol, 13
bolsas de estudo meritórias, 16
bomba nuclear, 23-24
brancos, 40, 47-53, 76, 77, 81, 86, 87, 96-98, 103, 110, 111, 182 (nota 37)

Brasil, 66
Bretões, 17, 19, 131, 135
Brown v. Conselho de Educação, 80-83, 85
Burke, Edmund, 151

caipiras [*hilbilly*], 40, 87, 111, 182 (nota 37)
Camarata, Stephen, 153
Canadá, 66
Capital humano, 20, 147-148
capitalismo, 46
capitalistas, 46
casamento, 67, 72
causalidade, 43-45
causalidade externa, 32, 44
causalidade intencional, 45-47, 94, 114, 118, 126, 127
causalidade interna, 32, 44
causalidade sistêmica, 46
correlação, 61
lócus da causalidade, 39
teste de hipóteses, 29
chances (*ver* Probabilidades)
Charney, Joseph, 153
Chicago, 56-57, 67, 68, 69, 70, 79, 86, 94, 145
China, 14, 22-23, 24, 117, 149
cidades, 14
ciência, 14, 15, 20-24
classificação e desclassificação, 33, 38, 51-54, 65-94
autoclassificação, 66, 84, 85, 90, 127

ÍNDICE

classificação e desclassificação educacional, 78-85, 127

classificação e desclassificação por terceiros, 84, 90, 126-127, 144, 145

classificação e desclassificação residencial, 42, 66-80, 85-90

classificação imposta, 42, 68, 74-75

desclassificação imposta, 79-83

Cleveland, 68, 70

competição de mercado, 46, 47, 49, 50, 58-61, 93-94, 114, 117, 119, 144

compositores de música clássica, 17

comunismo, 29

Costa, Elizabeth, 153

crimes, 37-40, 42, 70, 77, 136

  antecedentes criminais, 36-37

  homicídios, 103, 123, 130-131

  perseguição racial, 102-105

  punição, 136, 137

  tumultos, 129, 131, 133, 135, 140

  vizinhanças de alta criminalidade, 36-40, 74

cultura, 18, 135

custos (*ver* Economia)

Dalrymple, Theodore, 129

decisões, 35, 41, 42, 43, 46

  custos, 33, 35, 50, 53-54, 58

  decisões categóricas, 142

  decisores, 32, 33, 34, 35, 38, 45, 46, 47, 51, 53-54, 56, 57

degeneração social, 129-135, 182 (nota 37)

degeneração, 130-134, 135, 182 (nota 37)

desemprego, 95

Detroit, 68, 78, 79, 94, 148-149

diferenças entre homens e mulheres, 11

discriminação, 14-15, 21, 29, 30, 31-32, 95, 122, 123

  custos, 33, 35, 36, 37, 42-43

  Discriminação I, 32-33, 34, 35, 40, 42, 43, 76

  Discriminação II, 32, 33, 34, 35, 39-40, 42, 43, 49, 50, 53-54, 56, 58, 59, 73, 76, 91, 97

  discriminação empregatícia, 34-37

  discriminação hipotecária, 96-98

  discriminação policial, 102-105

  evidências empíricas, 96-98, 102-105

  gosto discriminativo, 31, 32

  leis antidiscriminação, 32, 36, 91, 133

  "redlining", 34, 38

disparidades, 9-30, 31-32, 44, 69-70, 90, 96-98, 122

  crime e violência, 77-78, 85, 103, 122

  disparidades raciais e étnicas, 44, 90

  disparidades sexuais, 37, 45

  educação, 45

  idade, 44-45, 122

  "impacto desproporcional", 14-15, 44, 91-93, 123

  na natureza, 27, 123

DISCRIMINAÇÃO E DISPARIDADES

QI, 11, 12, 16, 72-73, 124, 156 (nota 14)
renda, 69, 122
"diversidade", 86

Eastman Kodak, 25-26
economia, 15, 19, 26-27n, 46, 54
  capital humano, 20, 147, 148
  custos, 33, 41, 43
  desemprego, 59-61, 117
  economia de mercado, 46, 47, 48-51, 53, 145
  economistas, 12n, 26n, 37, 46-47, 49, 59, 74, 111, 114, 131, 153
  emprego, 18, 34-39, 43
  habitação, 62
  incentivos, 49, 49, 51-57, 93, 136, 144
  leis de salário mínimo, 57-61
  lucros, 39, 41
  mercados competitivos, 46, 47-48, 49, 50, 58-59, 60, 94, 117, 119
  monopólios regulamentados, 54-56
  negócios, 25-26, 34, 35-56, 91-94, 115-116, 129, 142-143
  participação na força de trabalho, 11n, 60
  preços, 38-39, 41
  produção, 28
  rendas, 68, 69, 45
educação, 11, 12, 17, 18, 45, 124-127, 129, 135
  americanos negros, 72, 78-85, 112, 139-140

asiáticos-americanos, 112
classificando e desclassificando, 146
Escócia, 19
escolas charter, 127, 147
Estados Unidos da América, 126, 127, 132-133, 146-148
faculdades e universidades, 12, 16-17
Grã-Bretanha, 16, 19, 126
Japão, 20, 112
judeus, 20-21, 66
Egito, 14
Engels, Friedrich, 46
Escócia
  escoceses, 20
  língua, 20
  mudanças ao longo do tempo, 19-20
  terras altas e terras baixas, 20
escolas charter, 83-85, 127, 147
escravidão, 47, 51, 76-77, 149-152, 185 (nota 65)
Espanha, 122-123, 145
estado de bem-estar social, 19, 44, 87, 129-131, 133-135
Estados Unidos da América, 15, 16, 20, 21, 23, 24, 27, 36, 51, 54, 58, 59, 61, 62, 66, 67, 72, 73, 76, 93, 103, 112, 117, 118, 122, 123, 124, 125, 126, 127, 128, 129, 130, 132, 133, 141, 142, 144n, 146, 148, 150, 151
  americanos, 16, 17, 24, 25, 43, 80, 85, 97, 99, 101, 102, 107, 110, 112, 117, 124, 128, 131, 135, 140, 143

ÍNDICE

diferenças regionais, 55-56, 69-72, 76-80, 110-111, 122, 164 (nota 31), 168 (nota 26)

educação, 11-12, 16, 17, 18, 45, 47, 61, 70, 71, 75, 78-85, 88, 111, 112, 113, 117, 124, 126-127, 132, 135, 139-140, 146-147

o sul, 42, 47, 51-56, 69-72, 77, 79-82, 85, 93-94, 111, 123, 133, 145, 164 (nota 31), 168 (nota 26)

questões raciais, 32-43, 46-48, 51-63, 69-75, 76-81, 85-86, 87-94, 96-98, 102-105, 117, 126, 132-135, 139-140, 144, 148-151, 168 (nota 26)

Suprema Corte, 14-15, 53, 80-83, 85, 123

violência, 36, 66, 70, 77, 85-86, 103, 123, 126, 127, 129-131, 132-135, 168 (nota 26)

estatísticas, 44, 45, 95-120

disparidades grupais, 96-97, 110-118

erros de comissão, 105-118

erros de omissão, 96-105, 118, 120

estatísticas de "impacto desproporcional", 14-15, 91-94

estatísticas de criminalidade, 95, 102-105

estatísticas de desemprego, 95

estatísticas de renda, 95, 98-102, 118

estatísticos, 105

lócus da causalidade, 39

pesquisas de opinião, 110-118

probabilidades, 9-10

tempo e rotatividade, 100-102, 107-110, 113-114

Europa, 20-25, 27, 36, 42, 68, 75, 76, 130-132, 148, 149, 150

Europa Ocidental, 24, 122, 128, 141

Europa Oriental, 66, 122, 128, 141

sul da Europa, 25

exploração, 29, 39, 128-129

falácia invencível, 95, 121-135

famílias, 12, 15

diferenças de criação, 17-18, 45, 135-136

famílias da classe operária, 18

famílias de classe média, 12, 18

gêmeos, 18

ordem de nascimento, 16, 45

pais, 12, 17, 124, 132, 135

fotografia, 25-26, 104

França, 17

Frazier, E. Franklin, 28, 145

Friedman, Milton, 56

ganhos de capital, 105-110, 176 (nota 23)

gêmeos, 18

genes, 9, 14, 15, 17, 27, 28, 29, 95, 112, 122, 123

geografia, 14, 22, 23, 28, 29, 122

litorais, 29, 122

montanhas, 29, 122

vales de rios, 29, 122

DISCRIMINAÇÃO E DISPARIDADES

golfe, 13
governo
  decisões categóricas, 142-143
  empregos governamentais, 50
  feedback, 143
  incentivos políticos, 49, 50, 53, 144
  instalações médicas, 132
  "soluções" políticas, 121, 142-144
Grã-Bretanha, 16, 19, 23, 24, 28, 117,
    118, 122, 123, 126, 129-130, 132-
    133, 135, 148, 182 (nota 37)
  crime e violência, 126, 127, 129-131,
    132, 136
  educação, 18-20, 111-112, 126, 127,
    129-130, 133
  em tempos antigos, 24, 149
  instalações médicas, 132
gregos, 24, 144, 149
grupo de Terman, 11, 124
guetos, 42, 68, 75, 83, 85, 86, 110, 135,
    140, 146, 147

habilidades, 18, 19
  capital humano, 20
  potencial inato, 9, 11, 14, 19, 20-21
  QI, 11, 12, 16, 72-73, 124, 156 (nota
    14)
habitação
  classificando e desclassificando, 42,
    65-80, 85-90
  restrições à construção, 61-63
harlem, 39, 43, 62-63, 68-69, 79, 84,
    144-145, 167 (nota 20)

hereditariedade e ambiente, 16
higgs, Robert, 47, 48
hipóteses, 28, 29, 49, 59, 81, 95-96,
    103, 112, 127-128, 129, 130, 135
Hitler, Adolf, 23-24, 29, 151
Holocausto, 15, 150
homicídios, 103, 122, 130-131
Hong Kong, 23, 117, 118

idade, 73, 81, 88-89, 113, 116, 117,
    122, 145
  consequências, 60, 104, 122, 123,
    139
  diferenças, 44, 123, 175 (nota 17)
ideologia, 14, 15, 42, 121-122, 150
Império Romano, 22, 24, 149
incentivos e restrições, 39, 46, 47, 48,
    49, 51-57, 89, 93, 136, 144
Índia, 14, 22, 42, 141
  civilização inicial, 14
  intocáveis, 42
indústria telefônica, 54-55, 164 (nota 31)
  instâncias decisórias, 35, 51
  decisões incrementais, 142
  feedback, 48, 143
intelectuais, 19-22
intenções, 46-47, 94, 114, 118
Irlanda, 67, 124
Irlandeses
  na Irlanda, 124
  nos Estados Unidos, 36, 43, 67, 71,
    124
irredentismo, 138

ÍNDICE

isolamento, 22-23, 85

Itália, 66, 67

italianos, 66, 67

japoneses, 20, 44, 67, 93, 112, 141, 175 (nota 17)

judeus, 20-24, 66-67, 71, 149
  alfabetização, 20, 21
  bomba nuclear, 22-24
  discriminação contra judeus, 20-24, 43, 55-57, 68, 147
  guetos, 42, 68, 75
  judeus alemães, 67
  judeus da Europa Oriental, 66
  prêmios Nobel, 21

Kodak, 25-26

lei, 15, 21, 40, 143
  polícia, 40, 103, 132, 136, 145
  tribunais, 40, 80-83, 85, 91-94, 103

leis de salário mínimo, 58-61
  desemprego, 59, 112-118
  impactos raciais, 59
  mudanças de renda, 120

Lester, Richard A., 114, 115n

libaneses, 67

"líderes", 137, 141

língua alemã, 141

língua chinesa, 140

língua inglesa, 20, 75, 139-142
  inglês como língua franca, 141
  "inglês negro", 140, 183 (nota 49)

línguas, 20, 139-142

Liu, Na, 153

Marshall, Alfred, 153

Marx, Karl, 29, 46, 162 (nota 16)

marxismo, 29-30, 128, 180 (nota 17)

matemática, 10, 20

McWhorter, John, 140, 183 (nota 49)

medicina
  ciência médica, 20
  instalações médicas, 132

mídia, 39, 70, 97, 134, 137

migrantes
  emigrantes, 23, 67
  imigrantes, 66-67
  migrantes internos, 69-72, 79, 145

moralidade, 42, 45, 125

mundo islâmico, 149

nações
  idades médias, 123
  líderes, 22
  retardatárias, 19-20

National Merit Scholarship, 16

nazistas, 23, 24, 29, 56

negócios, 25-26, 34, 35-41, 47, 48-49, 52-55, 58-59, 91-94, 115-116, 119, 129, 142-143

New York Times, 84, 101, 120

Nova York, 66-67, 77, 79, 83, 145

o passado, 149-152

Oceano Atlântico, 22, 28

DISCRIMINAÇÃO E DISPARIDADES

Oceano Pacífico, 28, 71

ocupações, 11, 31, 44

oportunidade, 11, 17, 18, 22-23

ordem de nascimento, 16-17, 45, 122

organizações sem fins lucrativos, 50, 56-57

os anos 1960, 130-135

os pobres, 39, 47, 48, 102, 105, 113, 127, 128, 134, 142

os ricos, 102, 105, 120, 128, 135

países escandinavos, 24

palavras, 143, 144

participação na força de trabalho, 11n, 60

Pinker, Steven, 77, 131, 168 (nota 26)

Plessy v. Ferguson, 53, 81

pobreza, 25, 29, 48, 88, 111, 126, 128, 133, 134, 135, 142, 147-148, 149

polícia, 40, 103, 132, 136

política, 14-15, 19-20, 29-30, 40, 42, 44, 49, 73, 97, 104-105, 128-131, 133, 137, 146, 150-151

pontualidade, 139

Portugal, 23, 122-123

povo chinês

chineses ultramarinos, 23, 72, 112, 175 (nota 17)

na China, 22

povo inglês, 20, 126, 127, 129, 131, 132

preconcepções, 14, 29, 30, 97, 98, 136

preços, 39

Prêmio Nobel, 12, 21, 150

pré-requisitos, 9-15, 19, 21-24, 122

mutáveis, 14

múltiplos, 9-14, 19, 21-22, 27, 28, 29-30, 122, 139

probabilidades, 9-10

aleatoriedade, 9, 13, 28

chances, 9-10

curva em sino, 10, 13, 122

distribuições assimétricas, 10, 13, 14

programa "Mudando-se para a oportunidade", 88-89

progressistas, 80

projetos públicos de habitação, 87, 145, 153

QI, 11-12, 16, 72, 124, 156 (nota 14)

grupo de Terman, 11-12

ordem de nascimento, 16

raça, 14, 15, 17, 24, 29, 30, 32, 40, 42-63, 67-90, 92-94, 110, 122

racismo, 46, 48, 55-56, 60, 61, 74-77, 87, 94

raios, 15, 27, 123

realizações, 13-14, 15, 19-23, 24-25, 26, 149

renda, 17, 45, 95, 105, 136

1% do topo, 102, 105, 107

ganhos de capital, 105-110

redistribuição, 147-149

renda domiciliar, 98-100

renda individual, 100

ÍNDICE

rotatividade, 101-102, 106-110
salários, 107
ressentimentos, 133, 138
resultados
aleatórios, 9, 10, 28
assimétricos, 12, 14, 15, 28
fracasso, 10, 14
iguais, 18
sucesso, 9-15, 16, 19, 23, 25, 26, 83-84
retardatários, 13, 19-20
retrocesso, 22, 70-72, 74, 133
reversões em realizações, 13-14, 19-26
Revolução Industrial, 14, 20, 149
rodovias, 52-53
rotatividade
rotatividade de estoques, 41
rotatividade nas faixas de renda, 100-102, 106-110

São Francisco, 61-63, 71, 86, 116, 144
Seattle, 116, 120
serviços públicos regulamentados, 50, 53-56, 164 (nota 31)
serviços públicos, 50, 53-56, 164 (nota 31)
sexo, 32, 122
atração sexual, 37
diferenças sexuais, 11n, 17
doenças venéreas, 130
Singapura, 112, 117, 118, 141
Smith, Adam, 19, 46, 162 (nota 16)
"soluções", 73, 121, 135-149

sorte, 135, 136, 137
Sowell, Thomas, 167 (nota 20)
Suíça, 118

Tchecos, 141
tecnologia, 14, 15, 20-26,
terremotos, 15, 28, 123
testes mentais, 11-12, 16, 72-73, 124, 156 (nota 14)
The Economist, 118
The Poor Pay More, 39
tornados, 15, 27, 123
trabalho, 84, 106, 110-112
classe operária, 18, 84-88, 144
experiência profissional, 112-114, 116
horas de trabalho, 116, 117
trabalhadores, 12, 26, 30, 34, 47-50, 58, 60, 91-94, 101, 113-114, 116, 128, 143
trânsito municipal, 51-53
tumultos, 129, 131-133, 135, 141

Universidade de Chicago, 57
Universidade de Princeton, 114

violência, 36, 44, 66, 70, 77, 85, 103, 123, 126, 127, 129-131, 133-135
visões sociais, 18, 121-152

Williams, Walter E., 5, 49, 74
Wilson, William Julius, 47, 73-74, 110, 111

Este livro foi composto na tipografia
Adobe Garamond Pro, em corpo 11,5/16, e impresso
em papel off-white no Sistema Digital Instant Duplex
da Divisão Gráfica da Distribuidora Record.